20几岁不能不懂的社交礼仪常识

达夫 黄敏 编著

前言

PREFACE

社交礼仪是指人们在人际交往过程中所具备的基本素质、交际能力等。社交礼仪是人们在社会生活中不可缺少的内容。通过社交礼仪，人们可以沟通心灵，建立深厚友谊，获得支持与帮助；通过社交礼仪，人们可以互通信息，共享资源，对事业成功大有裨益。掌握必需的社交礼仪知识对于提高人们的礼仪修养和个人魅力将起到积极的促进作用。

20几岁，是人生中一个美好的开端，对于多数人而言，都是刚刚走出校门，揣着高等学历，有才华，有抱负。然而，初次踏入复杂的社会，阅历浅、经验少，很多方面的社交礼仪都知道得不够多，或者只是知道而并没有真正能够灵活运用，从而导致处处碰壁，举步维艰。社交礼仪对人们的工作生活顺利与否有着至关重要的影响。不懂社交礼仪，你无法与人沟通，不能与人增进感情；不懂社交礼仪，你无法树立良好的形象，不能展示人格魅力。拥有良好的社交礼仪，你可以在职场上更好地发展：只有表现得有礼有节，领导才会对你信任；只有团结好同事，才不会被排挤和中伤。良好的社交礼仪也是你事业顺利的保证：懂得迎来送往，生意才有可能做成；登门拜访顺利，合作才有可能促成；打好电话，事情才有可能敲定。拥有良好的社交礼仪还是你幸福生活的资本：拥有完美得体的形象，才能赢得心上人的青睐；注重沟通技巧，顺利化解家庭矛盾，才能生活得美满幸福。20几岁，是人生中的关键时期，因而每个年轻人都必须明白：多懂些社交礼仪，就能少走一些弯路，早一点抓住身边的机会，早一天成功!

本书旨在给20几岁即将踏入社会的年轻人提供必要的支持和帮助，让年轻人可以很快地学习和了解日常人际交往中需要的社交礼仪知识。本书系统地介绍了个人礼仪、交往礼仪、职场礼仪、人脉常识、宴请礼仪、生活礼仪、公共场所礼仪等方面的社交礼仪，针对日常生活中年轻人经常要面对的各种情景、事件、场合，教会20几岁的年轻人懂得怎样塑造个人形象、怎样与人交往、怎样求职应聘、怎样培养自己的人脉、怎样展现自己、怎样赢得机遇等等。

目录

CONTENTS

第一章　20几岁要懂得的个人礼仪

第二章　20几岁要懂得的交往礼仪

第三章　20几岁要懂得的职场礼仪

第四章　20 几岁要懂得的人脉常识

第五章　20几岁要懂得的办事技巧

第六章　20 几岁要懂得的宴请礼仪

第七章　20几岁要懂得的生活礼仪

第八章　20几岁要懂得的公共场所礼仪

第一章

20 几岁要懂得的个人礼仪

丰富自己的表情

许多明星的标志性表情是严肃、冷漠。如果你觉得面无表情就是酷，那你的观点绝对是错的。明星的酷是一种包装策略，是一种风格。目的是用精心设计的“面无表情”来传达多元化的流行信息，塑造令人难忘的演艺形象。

无论别人说什么、做什么，都无视别人的身份和与自己的亲疏关系，一味以“面无表情”来应对，并自诩为“酷”，真是太辜负“礼仪”二字了。

温馨提示

·路遇熟人、与人见面之初要微笑，与人交谈、争论时表情应缓和。即使有激烈争论，也不要过于冷酷。

·拜访师长、应邀访问、接待客人时，表情要丰富而热情、柔和。

·当众讲话时，表情要随着发言的内容做相应变化，不要一个表情做到底。

以真实的笑容对人

俗话说得好：“伸手不打笑脸人。”但当你看到皮笑肉不笑的笑容时，肯定会感到很不愉快。当去不规范的饭店吃饭、遇到上门推销劣质化妆品的非法商贩、心虚的人费尽心思为自己的过错进行辩解、想投机的人前来行贿……我们经常能见到这种虚假的笑容。这样的笑看起来僵硬而缺少真情，令人感到不自在。

当你笑不出来的时候，宁可不笑，也不要让面具一样的微笑挂在脸上。不真诚的笑容非但不能表达敬意，反倒会令礼貌失去意义。

温馨提示

· 微笑的时候，眼睛要微微下弯，要把目光投向别人的眼睛，眼神要专注而热情。

· 微笑时不要生硬地去挤脸部肌肉，不仅要做到脸形笑，更要发自内心地露出愉悦的表情。

· 微笑的同时，言行要热情、尊重他人。

根据场合选择适合的发型

发型是不能想怎么做就怎么做的，如果发型不适合你所在的场合，就不能体现你的内涵和修养，甚至还会对你所在的场合气氛等各方面起到负面作用。谁说发型和礼仪无关呢？

参加婚礼时做的发型比新娘还抢眼，会有捣乱之嫌；出席国际会议时做更适合舞台剧的古怪发型，会严重影响你的口碑；在狂欢晚会上出现时顶着过于普通的发型，则会让你在众人眼中成为一个准备不足的人。你的发型显示着你的素养、你的品位。很多发型看起来漂亮，却并不适合你。

温馨提示

·出席会议等严肃场合，发型适宜端庄保守。

·出席休闲娱乐活动，发型应相对新颖活泼。

·出席任何场合，都应事先熟悉其氛围和性质以及对仪表、礼仪的要求。

一只耳朵只能戴一个耳环

一只耳朵上戴多个耳环不合礼仪。

有些职业是不允许戴耳环等耳饰的，比如电信行业的女性服务人员、空姐。在传统礼仪中，耳朵上的饰物应当成对佩戴，也就是一只耳朵上戴一个。

女性穿套装和礼服时，不能只戴一只耳环或一只耳朵上戴多个耳环。时尚男性只能在非工作场合、非正式场合佩戴耳环，并且只能戴在左耳上。如果男性两只耳朵都戴，在西方会被误认为是同性恋者。

温馨提示

·耳饰一定要配合脸形、肤色、气质，还要迎合所处环境。

·在工作场合中佩带的耳环、耳钉等耳饰，不宜选用造型夸张、色彩耀眼、不停发出响声的类型。

·残损的、陈旧的、有脏污的耳饰不宜佩戴。

注意清除牙齿上的食物残渣或口红

“唇红齿白”是人们形容人健康而美貌的常用语，可见人们对牙齿的基本要求很简单，那就是“白”。

当我们看到两排沾着食物残渣的牙齿，首先会感到恶心，然后会替对方感到难为情。

牙齿上沾了口红，视力不好的人会误以为对方牙龈出血，近距离交谈的人会感到对方无半点气质和教养。

牙齿上残留着饭菜或者口红，张口说话，必然大煞风景。如果恰好参加电视台的直播节目，没刷好牙的人，丢人可就丢大了。

温馨提示

·饭后应该刷牙。特别是吃了容易嵌在牙缝里的食物或者有刺激性气味的食物时，务必要刷牙。

·出门、拜访别人前，参加公开场合的活动前，一定要检查自己的牙齿是否干净。

·女性不要养成有意无意用牙齿咬嘴唇的习惯。

女性出席正式场合必须化妆

“素面朝天”是一种姿态，也是一种风格，代表着朴素和真实。但对于面部有明显瑕疵且要参加大型活动的女性来说，不化妆就出席是一种错误。

女性出席正式场合一般都要穿着正式的套装或礼服，搭配质地精良的首饰、合适的发型。

如果女性出席正式场合而不化妆，会使其在所有的参加者中黯然失色，且与环境极不相称。恐怕连她自己环视众人后，也会为自己没有精心打扮而后悔。

温馨提示

·出席白天的大型活动时，女性化妆要自然，以淡雅为佳。

·出席夜晚的活动时，妆容可以浓艳一些。

·女性出席正式场合时化妆，总的原则是必须符合本人气质和所参加活动的性质。

化妆、补妆时要尽量避开人

很多女性敢于在办公室里、餐桌上、火车上等公众场合当众化妆、补妆，这是有失礼貌的。

当众化妆是没有修养的表现，其性质好比当众换衣服。当着长辈、领导的面化妆、补妆是不敬，当着同性的面化妆或补妆是炫耀和轻视对方，当着晚辈的面化妆、补妆是自毁风度。在工作时间和工作场合化妆、补妆，暗示自己对工作热情不够、工作能力欠缺。如果是当着不熟悉的异性化妆或补妆，在一定程度上，这种行为意味着挑逗和勾引。

温馨提示

·化妆、补妆要到专门的化妆间或者洗手间。实在没有条件，也应尽量避人。

·不要在工作岗位上与别人讨论化妆品和化妆技巧，商务人员、公务员等职业女性更应注意。

·当众梳理头发、频繁照镜子也是不合适的。

男性也应适当化妆

在中国人的传统观念中，男人是不需要化妆的，脂粉永远只和女人相关。毛孔粗大是男性魅力的象征，肤色暗沉是男人本色，眉毛粗乱是硬朗的标志。其实，男性不化妆是错误的。

把容貌上的缺陷暴露给别人，把病愈后的苍白脸色或熬夜后的疲惫神色暴露在别人面前，既无法展现男性的风度翩翩，也无法取得别人的好感和敬重。更有甚者，这种不健康、不整洁的所谓的“男人味十足”的面貌，会破坏你在别人心目中已有的良好形象，从而影响到工作或生活中的社交。

因此，在必要的时候，如在公众场合、重要场合，不要对男性化妆产生偏见。

温馨提示

·脸色不均匀时，应该用与肤色相近的粉底进行修饰。

·嘴唇干裂或发暗时，应该用滋润型的无色唇膏进行润饰，用暗红色唇膏提亮唇色。

·皮肤干燥、有皮屑时，应用润肤乳液进行调整；头发没有光泽时，应该用发乳进行美化。

男性夏天不可在公共场所赤膊

夏天的街道、休闲广场、电影院、餐馆等公共场所，赤裸上身的男性司空见惯。在居民聚集的社区楼道里，各式身材的赤膊男人更是让人躲避不及。

夏天男性赤膊出现在大街上，有碍大众观瞻，“影响市容”，既有扰乱公共秩序之嫌，也不利于自己的形象；夏天男性赤膊出现在女性面前，容易让对方产生被骚扰的误解；夏天男性赤膊拜访别人，会让对方有受诬蔑之感；夏天男性赤膊出现在会场、剧场等严肃的公共场合，说明他行为和心态都较为散漫，这是对在场者的极大不敬。

夏天再热，只要是出现在外人面前，就不能赤膊上阵。

温馨提示

·夏天男性出行或串门时，一定要穿外衣。

·夏天男性在家中接待客人时，上身至少应穿一件整齐的背心。

·夏天男性身处职场等严肃公共场合时，一定要穿外衣。

注意修整鼻毛

开会发言、上台演讲、接受电视记者的访问时，露着鼻毛；体操队员参加比赛、舞蹈演员演出时，在镜头前露出鼻毛；女性在办公室接待客人，对客人展现出得体微笑时露出鼻毛……相信你看到以上的场景后多少会有点瞠目结舌，因为那些鼻毛使人感到非常不舒服。

鼻毛外露会使你显得粗鲁、低俗，不讲卫生、不修边幅，难免令人心生厌恶，影响视觉和心理印象。

女性露出鼻毛比男性露出鼻毛的结果更糟糕。

温馨提示

·要及时修剪过长的鼻毛，且一定要用专用的小剪刀。

·在公务和商务场合以及其他正式场合，与人交谈时应避免仰头过高。

·绝对不要当众用手拔除过长的鼻毛。

喷洒香水要适量

香水的味道可以改变一个人的形象。但如果香水用过了量，它对人的形象所起的作用，将不是美化，而是丑化。

在社交场合使用过多香水，别人会尽可能地与你拉开距离。在餐桌上使用过量的香水，会使就餐气氛受到破坏，引发“公愤”。在办公室、会议室、谈判室等严肃场合过量使用香水，会令别人质疑你的专业素质和专业精神。喷洒过量的香水乘坐轿车、乘电梯、挤公交车，香水很容易与狭窄空间里的汗味等其他气味混合，从而形成难闻的气味，令人避之不及。

在任何时候使用过多的香水，都会让人觉得你不够谦虚谨慎，容易给人以太过炫耀自我的感觉。

温馨提示

·判断香水是否过量的标准是它的气味会不会散发到两米以外。

·使用的香水应该与你所在场合的气氛相符。应使用化学成分较少的名牌香水。

·与对香水过敏的人接触时，最好不使用香水。

仪容要与言行相配

在大街上走着一个衣饰精致、妆容雅致的女孩，路人正暗自赞叹她的美丽优雅，不料她一张口就吐出一串脏字；某明星的仪容堪称典雅，但面对提出一个棘手问题的记者大动肝火，接连做出威胁和鄙视的动作。这样的人，是不是辜负了自己的一身打扮？

如果你的仪容是“贵族”级别，言行举止却是“小市民”级别，在工作场合，你将难以获得重要的工作和职位；在社交场合，你不仅难以得到新朋友，连老朋友也可能失去。

温馨提示

·在任何时候面对别人，都不应当吐脏字，说粗俗不堪的话，开恶俗的玩笑。

·穿庄重的礼服时，行为举止一定要端庄大方，避免挖鼻孔、随地吐痰等不雅的行为。

·任何时候，都应当善待自己的妆容和服饰，不要随处乱坐，拿袖子当抹布或者将手机、打火机等拿在手中把玩不止。

杜绝经常用手整理头发的习惯

不时用手拢一下头发，从前向后抚一下头发，或者干脆在头上挠几下，这种镜头常常在各种场合出现在我们眼前。

头发是你自己的，你的仪表和举止却是给别人看的。接受采访时不时整理头发，会使自己显得紧张而不自然；与别人谈话时不时整理头发，会使自己显得心不在焉；在饭桌上整理头发，即使你发出的声音很细小，也会令人感到心理不适，如果你再带些头皮屑下来，身边的其他人会吃不下饭。

当众梳头是不尊重人的表现，大张旗鼓地整理头发，更是务必要避免的。

温馨提示

·出门前将头发梳理好。如果有风雨天气，可使用发胶给头发定型。

·整理头发时要避人，要在卫生间等场所私下整理。

·及时修剪头发、清洗头发，避免头发脏污、发痒，不要养成总是用手摸头发、捋头发、搔头发的习惯。

避免在公共场合照镜子

不少爱美的人，特别以女性居多，任何时候、任何场合都不放过欣赏自己的机会：在大街上、在汽车上、在办公室里……丝毫不顾及别人的侧目。

在马路上照镜子，你可能会被人误认为“不良女性”，因此而招来麻烦也未可知；在空间狭小的火车、汽车上照镜子，你理所当然地成为众目睽睽的对象；在办公室里照镜子，遇上领导推门进来，你的下场可想而知。

温馨提示

·不要在办公室桌面上摆放自己的化妆品和小镜子，上班时间也不要取出来当众揽镜自顾。

·如果担心自己脸上有污渍或饭粒，出门前就应该处理好；如果工作期间担心自己化的妆变“花”，可以在休息时间到化妆间或卫生间处理。

·在公共场所，要克制自己当众对镜自我欣赏的念头，应把“自恋”的情绪转移到工作等其他方面。

女性穿衣服要松紧适宜

仪表美是礼仪的重要方面。衣服上露出内衣的线条，使身体呈现出令人惊讶的“沟沟坎坎”，不能说是符合礼仪的行为。

穿成肉粽的你，如果身份是服装行业的业务员，联系业务时，对方一定会怀疑你所在单位“审美”的眼光和“创造美”的能力；如果做报告，台下的听众一定在看到你的第一眼就会否定你的内涵和实力；如果你身为一名教师，讲课期间，学生们大概会把注意力更多地放在研究你的内衣的款式和形状上。

温馨提示

·女性在任何时候和任何场合都不要穿会在身上勒出痕迹的内衣，型号适中才好。

·女性不要穿过紧的贴身裤子、外套、窄裙。

·大一号的衣服或者款式较为宽松的外衣可以弥补身体赘肉明显突出的缺点。

女性在工作场合穿着不可过于臃肿

干练、精明、优雅、大方，这些词语都可以形容职业女性的风格，一个在工作场合穿得臃肿的女性则无法从仪表上体现以上描述。

一个女主持人穿得臃肿面对新闻直播间的镜头，很难让人相信她的专业身份；一个外企的女主管在职业套裙里穿上厚厚的家织毛衣，很难让下属认同她的敬业精神；一个在签字仪式上穿得像个大棉球的女代表，不容易让对方相信她以及她所在单位的诚意。

即使你所在的工作场合有点儿冷，也不应该穿得臃肿。

温馨提示

·女性的套装、套裙内不要穿较厚的内衣、毛裤以及比较宽松的毛衣。

·女性在办公室、公务或商务场合中，不要因为怕冷而穿多层内衣。

·职业套装外面可以穿大衣、羽绒服等户外御寒的衣物，但进入室内后应及时脱下放好。

杜绝当众整理内衣

正行走着，发觉内衣的肩带滑落了，看看别人都行色匆匆，于是赶快停下整理；正在公司参加会议，突然感觉内衣勒得自己不舒服，心想自己没有坐在第一排，于是赶快伸进衣服去放松；正在家中接待客人，突然感到内衣位置偏移，以为在自己家里随便点没什么，于是急忙伸手去调整。面对这样的人，真不知道该让自己的眼睛放在哪里好。

在正式场合不加掩饰地整理内衣，会给人以粗俗之感；在工作场合当众整理内衣，会给人以邋遢、愚蠢之感；在长辈或领导面前整理内衣，会有轻浮之嫌；在异性面前整理内衣，会有发出性暗示之嫌。即使面对小孩儿和同性，整理内衣也是自毁形象的做法。

温馨提示

·穿用品质好、保险系数较高、不易变形和移位的内衣。

·整理内衣之前，先找到卫生间或能暂时独处的场所。

·出门前，先检查内衣有无松动、脱线、脱钩等问题，不给它们以在公众场合出现的机会。注意保持正确姿势，也能防止内衣移位。

落座时只坐椅子的前端

自己就座时把整张椅子都坐满，也许这样很舒服，但却是不合适的。

把椅子坐满的话，身体必然是紧靠椅背的，并且稍微后仰，这种姿势看起来很慵懒，也显得有点自负。如果接待客人时这样坐，客人会因为感到受了轻慢而不快；做客时这样坐，主人会因为你的过于随便而感到不快；招聘时这样坐，你可能会把一个很优秀的人才气走；参加面试时这样坐，你可能会被一个很难得的老板“判处死刑”。

在家里独处，或与很熟悉的亲朋私下交谈，坐满椅子不算失礼。但面对不太熟悉的人，或者身处公共场合、工作场合、社交场合时坐满椅子，既是对他人的不敬，也是对自己形象的不负责。

温馨提示

·面对客人、主人，或在较为正式的场合，坐椅子前端的 2/3 即可。

·半躺半坐、身子歪斜、身体大幅度前倾，双腿乱抖，也都是不雅的坐姿。

·坐在椅子上时，不要把脚架在椅子扶手上或用力向下、向后缩在椅子下面。

女性落座应双腿并拢

男性张腿而坐无可厚非，因为这种坐姿使男性显得很有气势、很自信、很豪迈。女性张腿而坐，就是大大的不雅了。

女性穿裤装时张腿而坐，容易给人以倨傲张狂的印象，面对长者张腿而坐是藐视，面对异性张腿而坐是暧昧的暗示，面对晚辈张腿而坐，长辈的威严尽失。女性穿短裙时张腿而坐容易露出内裤、长筒丝袜的袜口和大腿，有损形象。女性公务员、商务代表在公众场合如此就座，连同自己单位的面子都会丢掉。

温馨提示

·女性落座时，不要紧靠椅背而坐，背部与椅背之间应至少有一拳的距离，上身要端正，背要挺直。

·女性落座时，两腿应紧并，两膝相抵并拢。双腿也可叠放，但是不能把脚尖翘起来，更不能冲着别人。

·女性落座时，不要把手夹放在两腿之间，也不要搓弄衣角，自然叠放在膝盖上即可。

下蹲时应避开人流

你正在走廊里匆匆赶往会议室，对面的一位同事走着走着突然直冲着你蹲下去，让你躲避不及，差点扑到对方身上。此时的你，一定会感到这个同事很讨厌。你正在办公室的椅子上坐着看文件，下属突然面对着你蹲下来，捡拾落在地上的文件，头部正好抵着你的腿。此时的你，一定会感到很不自然。你正在图书市场的书摊前低头看书，一个陌生人突然背对着你下蹲，硕大的臀部距离你的脸不到两尺。此时的你，一定会感到很恼火。

下蹲时如果不避人，就很容易出现各种冒犯他人的结果，于人于己都不方便。几个人同时下蹲，如果不避人还容易引起彼此碰撞。

温馨提示

·下蹲时，应尽量从别人的侧面下蹲，不要直冲别人或正背对别人下蹲。

·不要在人流拥挤的地方突然下蹲。

·在别人面前下蹲前，应礼貌地事先声明，以免对方起身或行走时猝不及防。

站立时不可趴伏倚靠

站姿能体现一个人的风貌，也能毁了一个人的风貌，能促进交际的成功，也能加速交际的失败，就看你是否懂得站姿对于礼仪的意义。

站立时趴伏倚靠，显得无精打采、心不在焉，给人的印象要么傲慢、目中无人，要么是懒惰、没有主见。教师讲课，站立的时候趴伏在讲台上，一定会让学生难以提起精神；礼仪培训师培训时仰身靠在椅背上，必然难以令人信服其职业的水平；演讲者发表演说时站立在台上背靠墙壁，无疑会令现场气氛沉闷。站立时趴伏倚靠，很容易使别人产生不快。

温馨提示

·站立时，身体应自然挺直，不倚靠任何桌椅、墙壁等物。

·站立劳累时，可稍事走动或坐下休息、找人替换等，但不应随意借力。

·站立时，身体不要随意扭动，不要有跺脚、踏步、抖腿等小动作。

站立不可歪斜

“站如松”“玉树临风”“亭亭玉立”，从这些形容词中，我们能想象出优美的、笔挺站立的姿态。如果歪斜着站立，你必定与这些美好的形容词无缘。

歪斜站立，本身就传达出一种不恭敬的态度，任何人都不会对这样姿势的陌生人产生信赖感和与之交往的渴望。如果你身负谈判的重任，谈判尚未开始，对手就胜券在握了，因为你糟糕的站姿已经暗示出你的不自信和准备不足。如果一个礼仪小姐歪斜着站立了 3 秒钟，她在第 4 秒就会失业。

温馨提示

·站立时，身体肌肉要自然紧张，同时略微放松，不要僵硬，身体要自然挺直，收腹挺胸，双脚间成 45 度左右的夹角。

·站立时要保持头部适当上扬，不低头，头和肩不歪斜。

·站立时应避免在手中拿取私人物品把玩。

结伴走路时步伐速度要与大家一致

一行人结伴而行，大家都保持相距不远的距离，唯独你一个人，把大家远远地抛在后面，或者慢吞吞地跟在大家看不见的后面。这种表现显然是社交礼仪所不允许的。

陪同上级领导参观、视察时脱离队伍，别人会以为你目无领导，这次接待必然失败；和同事或朋友出游时脱离队伍，别人会以为你自私自利，大家无形中会与你疏远关系；别人引导你游览观光时脱离群众，别人会觉得你辜负他的好意，感到失望和尴尬；在陌生的野外结伴而行时脱离队伍，别人会担心你的安全，无意间给大家带来心理负担。

无论在什么情况下，从众人同行的行列中脱离出来都是一种令人反感的行为。

温馨提示

· 结伴行进时，步伐不要太快或太慢，应与同伴们保持一致。

· 结伴出行时，不要只考虑自己的需要，而应处处以大多数人为行动的参照对象。

· 有必要先行一步或稍后赶上时，一定要礼貌地提前和大家打招呼，并随时保持联系。

走路时不可用鞋底蹭着地面

脚蹭着地面走路，就是拖着鞋走路、鞋底不离地面。这样走路，即使再调整姿态也不会美观。

与朋友约会，拖拉着鞋、蹭着地面走，别人难免把注意力从对你的了解上转移到你的脚下；接待访客，对方难免私下认为你这样的姿态太不尊重人；洽谈业务，也许很好的一单生意就被你贴着地面的鞋子蹭丢了。脚蹭着地面走路，人会显得邋遢、散漫，没有魄力，还让人有不受尊重之感。

温馨提示

·走路时，一定要把脚掌抬起来，但不要抬得太高而不自然。

·走路时，即使穿拖鞋也要把脚和鞋抬起来。

·走路时，不要歪歪斜斜，而要走直线。

走路昂首挺胸

走路不抬头的人，他是因为思索呢，还是因为心中有愧，或者是因为疾病而不抬头？无论什么原因，低头走路都是不合礼仪的。

走路的时候不抬头，就不能看到前方，只能根据脚下的情况前进。这样一来，很容易走错方向或妨碍别人。低头走路会给人一种不自信的印象，如果你在招聘人员的注视下低着头走进面试考场，主考官一定不会优先考虑你。低头走路还容易使认识你的人误解你的动机，当你和一个低头走路的熟人相遇，是不是会很自然地疑心他是故意不想和你打招呼呢？

走路不抬头，如果再加上步伐迟缓，则越发有损仪态。

温馨提示

·走路时应昂首挺胸，自然地抬头，但不要傲慢地扬着下巴。

·走路时表情要自然、从容。

·走路时跳着走也是不合礼仪的。

杜绝边走边吃的不良习惯

早起时间紧张，于是随便抓起一个面包，在上班或上学的路上边走边吃；周末逛街，被街头的小吃所诱惑，拿一把麻辣烫边走边吃；食堂里新出一种麻花，令人垂涎欲滴，买一个来，不等落座就边走边吃。这样吃东西走路两不误的人，谁遇到了都要绕着走。

在鸡尾酒会、自助餐会上边走边吃，让人怀疑你的素质；在公共食堂里边走边吃，让人笑话你的粗俗；在办公场所边走边吃，让人怀疑你的工作态度；在公园、景区等场所边走边吃，让人反感你破坏风景。无论在什么场合边走边吃，别人都会担心你把食物撒到他们的身上。

边走边吃，既有损自己的仪态，又容易给他人带来不便，显得很不礼貌。

温馨提示

·事先把食物放在袋子里或盒子等容器中，到适合吃东西的场所或到自己的座位上再吃。

·比较酥脆、多汁的食物最好不要边走边吃，以免弄脏嘴和脸、粘到衣服上或撒到别人身上。

·边走边吃对身体无益，尤其在户外时容易使食物受到沙尘污染，应该尽量避免。

要避免在散步时吸烟

不分场合地抽烟是不应该的。

散步时吸烟必然会污染身边的空气，别人不得不与你“同呼吸，共空气”，强迫别人吸你的“二手烟”自然不是礼貌之举。散步时吸烟，无意中呈现出颓废、放肆的姿态，这种消极第一印象很容易使别人打消和你交往的念头。

不只是在散步时，在任何公众场合吸烟都不是值得肯定的行为，应该竭力避免。

温馨提示

·在社交场合吸烟，必须先征得在场人们的许可，尤其是征得长者的许可。

·吸烟后，要及时清除身上残留的烟味，清洁口腔和手，避免牙齿发黑和手指变黄。

·与人交谈时，不要咬着烟说话。

女性穿裙装时不可随意下蹲

女性当众下蹲本来就已经很失礼，有损形象，更不要说穿容易“走光”的裙装随意下蹲，这简直就是给自己的形象泼脏水。

女教师在课堂上随意下蹲，损害的不仅仅是自己的形象，更是老师的形象；女主持人在舞台上下蹲，她的举动会引发出负面的娱乐新闻。女性穿长裙随意下蹲，飘逸之美顿失；女性穿短裙下蹲，无意间会给偷拍者制造机会。

无论如何，女性穿裙装随意下蹲都是极其缺乏教养的表现。在公众场合，即使自己面对的只有一个人，女性也应避免穿裙装随意下蹲。

温馨提示

·穿长裙下蹲时，不要让裙角拖地，应适时挽一下。

·穿短裙下蹲时，两膝要靠近并拢，可采取一膝稍高于另一膝的高低式蹲姿。

·女性穿裙装下蹲时，动作应缓慢、从容。

穿着的衣服要干净整洁

服装的整洁程度暗示着一个人处理问题的能力和态度，如果你任由污渍在自己衣服上停留，你的内在就无法在短时间内得到别人的认可。

衣服上有明显污渍，第一，会给人造成不修边幅、不够自重的印象；第二，会让人觉得你办事拖拉，不能胜任重要任务；第三，会让人觉得你对人对事都不够认真负责；第四，穿有明显污渍的衣服说明你对面前的人不够尊敬。

穿污迹斑斑的衣服不能说明你勤奋，相反会显得你懒惰。

温馨提示

·衣服一定要勤换勤洗，如果衣服上祛除不掉的污渍非常明显，你应考虑扔掉。

·衣服沾染了污迹应马上处理。

·出席重要活动或进行短期出差和旅行前一定要备好换洗的衣服。

商务人士不可穿棕色西装

服装的色彩在很多人看来是个人喜好的问题，并不重要。其实，颜色问题并非这么简单，商务人士穿棕色西装就是一个错误。

西装的颜色必须与人的肤色、所处环境相搭配。棕色系的服装不适合亚洲人的肤色，会使人脸上呈现出病态。还有一点，英国人忌讳在正式场合中穿棕色西装，会见英国客人穿棕色西装，显然意味着不庄重。

无论是从塑造自身形象的角度还是从尊重别人的角度考虑，穿棕色西装都是不合适的。

温馨提示

·蓝色、灰色、黑色等深色系是西装的经典色彩，素色或暗条纹都可以。

·穿灰与蓝色西装时，不要搭配棕色皮鞋。

·穿西装时，除了出席重大活动时胸口的口袋可以放装饰性手帕或鲜花，其他场合不要放任何东西。西装上衣两侧及裤子上的口袋也不能放东西。西装上衣胸部内袋可以放不影响西装造型的东西。

穿西服不可配便鞋

一身款式和颜色适宜的西装能让人看起来精神焕发、风度翩翩，但如果为西服配一双便鞋，即使它是世界名牌，也会使你显得不伦不类。

穿西服时，只有严格按照相应的标准搭配，才能体现出仪表上的礼仪。作为接待人员，穿着西装和便鞋迎接宾客，对方理所当然地会认为你不尊重他们；作为贵宾，穿着西装和便鞋接受同行单位的款待，东道主一定会认为你不重视对方，或者疑心自己什么时候曾经得罪了你；访问欧美国家的商人穿着西装和便鞋，不单遭人诟病，还会给国人丢脸。

温馨提示

· 穿西装时，不能穿塑料鞋、旅游鞋、布鞋、拖鞋。

· 穿西装时，不能穿款式新潮怪异的皮鞋，比如大头皮鞋和鞋尖过长的时装鞋。

· 穿西装时，首选款式是系带皮鞋，首选颜色是黑色。

在正式场合要穿庄重的正式西装

休闲西装款式多样，色彩丰富，能塑造出轻松活泼、有青春活力的形象，但是不能不分场合地穿。

穿休闲西装去谈判，就算你谈判技巧再高，也免不了失败的结局；穿休闲西装做礼仪培训，首先在以身作则方面，你就无法令学员信服，更不要说指导他们了；穿着休闲西装参加葬礼，死者的亲人估计会把你当作捣乱分子驱赶出门。

在正式场合穿休闲西装，既发挥不了休闲西装的作用，又会给别人留下糟糕的印象。

温馨提示

· 在办公场合应该穿正式的西装或制服套装。

· 在法庭、葬礼等场合，应穿深色、款式正式的西装；在婚礼等庆典场合，应穿浅色、款式庄重的西装。

· 在涉外场合，应穿不犯交往对象禁忌颜色的西装或民族服装。

穿西装要注意纽扣的系法

西装给人一种庄重严肃的印象，因此许多人都以为西装的扣子要规规整整地全部扣上，其实不然。只有双排扣的西装纽扣才需要全部扣上。

参加典礼时将西装纽扣全扣上，大家会觉得你没见过世面；出外郊游、探亲访友时将西装纽扣全扣上，别人会觉得你太拘谨刻板；迎接客人时将西装纽扣全扣上，对方会觉得你做作无礼；参加宴会、落座时将西装纽扣全扣上，别人会觉得你与众人、与轻松祥和的场合格格不入。

总之，任何场合下穿西装将纽扣都扣上都是不合礼仪的。

温馨提示

· 西装内穿配套马甲时，应将马甲的扣子全部扣好，西装则不必扣。

·只有一颗扣子的西装，扣也可，不扣也可。单排两颗纽扣的西装，可以不扣或只扣上面一颗。

·单排3颗纽扣的西装，可以只扣上面两颗或只扣中间1颗，也可以不扣。

穿西装要讲究搭配

很多人穿衣不讲搭配，单看西装、衬衫、领带、皮鞋都很得体，穿到一起却给人一种大杂烩的感觉，不仅视觉上令人眼花缭乱，心理上也会令人感觉不舒服。

高级毛料西装配化纤领带，西装的高贵顿时被劣质领带所抵消，你的身份也会同时被领带所贬低；黑色西装搭配黄色皮鞋，必然让你被高级社交场所拒之门外；正装西装搭配一件休闲的花衬衣和牛仔风格的皮带，无论参加正式活动还是参加娱乐活动都不成体统。

服装的质料、颜色、款式以及皮包、手表、腰带等配饰的风格都搭配得和谐、合理，才不算失礼。

温馨提示

·西装的质地以毛料为宜，衬衣的质料以纯棉为宜，领带的质地以丝绸为宜。

·穿深色西装时要穿颜色和西装接近的袜子。除非穿白色西装，否则不要穿白色袜子。

·西装、衬衣、领带、皮鞋的颜色应该属于同一个色系，全身上下的颜色应该不超过3种。

男性穿西装不可内衣一层套一层

外着笔挺的名牌西装，从里到外依次是高领内衣、衬衣、毛衫、马甲，如此穿西装是低级错误。

西装的作用在于使人看起来干练挺拔，修饰体型、烘托气质。西装里面如果套太多内衣就无法发挥功能，更无法起到应有的礼仪功用。如果一个西装里面只穿一件衬衣的人和一个西装里面穿了多层的人同时去应聘一个职位，在他们两人实力相当的前提下，招聘方一定会选择穿西装更简洁的那一位。

衣服一层套一层，会给人一种做事很没有条理的直觉印象，这么穿可不会给人好印象。

温馨提示

- 穿西装时，至少应该从视觉上尽量减少衣服的层数，比如在衬衣内不穿高领、宽松内衣。
- 春秋季节，西装搭配一件衬衣即可。即使是冬天，也不应把毛衫穿在衬衣里面。
- 任何季节都不要穿太厚的内衣和毛衣，且颜色不能过于杂乱。

西装里面的衬衫袖子要长短适宜

西装是不能配短袖衬衣的，如果你的衬衣袖子太短，容易给人造成穿短袖衬衣的错觉。在正式场合，这是绝对不允许的。

衬衣的袖子如果太短，通常是因为不合身，穿着这样的衬衣举手投足之间容易出现领子变形、衣服变皱的现象。当你的衬衣因为短小而使胸前的纽扣之间露出皮肤，造成尴尬是必然的。

温馨提示

·穿西装时，衬衣的袖口要长出西装袖口2厘米左右。

·衬衣的经典颜色是白色和淡蓝色，条纹和方格图案均可，但必须线条细小，色彩浅淡。

·衬衣的领口要高出西装领口2厘米左右。领带不能从西装后面的领子露出来。

不可穿着已经磨损的衬衣

衬衣领子上露着多次洗涤而产生的小线头，袖口上露着磨破的小洞，颜色也因为日久而黯淡、不匀，等等。无论如何，穿着磨损的衬衣出现在别人面前都是不礼貌的。

服装是一个人身份和地位的标志。人们习惯于从服装的精致程度来判断一个陌生人是否值得结交。穿旧衬衣，一方面让人感觉你很吝啬，另一方面让人感觉你没有高远的志向，还让人感觉你生活和事业上的状态都不太良好。旧衬衣会向别人暗示：你以为别人不会注意到细节，你会在细节上欺骗别人。

温馨提示

·衬衣必须合身，且保持整洁，造型挺括。

·即使精心修补也会露出磨损痕迹的衬衣应该丢掉。

·平时应准备多件衬衣，及时替换；洗衬衣时应尽量轻柔，减少磨损。

在正式场合穿西装必须打领带

在正式场合穿西装不打领带，也许有的人认为这样会显得轻松、随和，事实上这是很失礼的行为。

法官在法庭上穿西装不打领带，是不尊重法庭和出庭人员的行为；司仪在主持婚礼时穿西装不打领带，是对新人的侮辱；出席高级会议穿西装不打领带，是无知、无视规则的行为。即使在非正式场合，穿正式的西装而不打领带也不算会穿西装。

温馨提示

·如果你参加的是娱乐界的典礼，穿的是休闲西装或时装款的西装，可以不打领带。

·领带的质地以丝质最佳，图案可选小的点状、斜条纹状、素色等。除非是穿制服，原则上不要使用领带夹。

·领带的长度以领带尖不触及腰带为宜，宽度以西装衣领的宽度为参照。

在正式场合不可系图案夸张的领带

领带是男人最常见的装饰品，但却不是什么样的领带都能系的。

出席正式场合，“礼仪”二字往往使人们联想到遵循传统。系卡通图案的领带，说明这个人不够成熟；系有骷髅等图案的领带，说明这个人不太合作；系色彩杂乱的领带，说明这个人不够沉稳；系美女、人像图案的领带，说明这个人急功近利。在一个集体中以这样的面貌出现，明显会使别人觉得你“另类”。

虽然以上说明都是领带给别人留下的直觉印象，却至少证明图案夸张的领带在正式场合所起到的作用是负面的。

温馨提示

·领带上的图案应该尽量小，圆点、斜条纹、小方格、净面等都可以。

·人像、动物、数字、艺术字等特别符号都不应出现在领带上。

·领带上的颜色应该不超过3种。

系领带要讲究章法

出席正式场合胡乱将领带系上，不讲章法，势必会引起别人的侧目和不满。

领带的系法从细节上体现出你对所在场合规则的了解和重视程度，也显示出你是否见过世面，是否有涵养、风度，是否对自己重视、有信心。领带系得太“自我”，虽然可以认为是潇洒，但更容易给人以爱出风头、哗众取宠的印象。如果你领带系得太随便，很不美观，则会显得邋遢，无论是出席正式场合还是普通的社交场合，都是会遭到诟病的。

系领带不考虑场合和所穿服装的款式，是无知和顽固的表现。

温馨提示

·公务、商务场合常用的领带系法有温莎结、平结、四手结等。

·穿燕尾服时，应系蝴蝶式领结。

·穿休闲式衬衣时，可以使用风格多样的其他系法，以使服装整体显得活泼。

衣兜里不可塞满东西

许多刚接触西装的男人或不拘小节的人，都习惯把零零碎碎的东西塞在衣服兜里，这是不对的。

西装的衣兜是为整体造型设计的，作用主要是装饰而非盛放物品。衣兜里塞满东西，首先会使人显得粗鲁。其次，杂物会破坏服装的线条和风格，使西装看起来臃肿，而臃肿的人会给人无能的错觉。再次，在衣兜塞满东西，显得你做事不懂得分清轻重缓急，效率低下。如果衣兜的东西在行动中发出杂声，必定会使交际场合平添尴尬。

即使你穿的不是西装，在衣兜里塞满东西也是很不雅的。

温馨提示

- 西装上衣的明袋内不应放任何东西。如果成衣西装口袋是封着的，最好不要拆开。
- 西装裤子的口袋尤其是臀部的口袋不能放任何东西。
- 贴身的卡、少量现金可以放在西装上衣的内袋里，以不致影响服装造型为限。

男士不可在腰带上挂满钥匙等物

腰带上挂着钥匙、手机、打火机等杂物，挂得越多说明主人越低俗、越不自重。

腰上挂满东西的男人，给人一种婆婆妈妈、没有魄力的印象；腰带上挂满东西，走路时难免相互磕碰、发出响声，从而使人心烦，交谈、同行时，别人的注意力必然会受到影响。男性腰里挂满东西也是炫耀的表现。以这样的形象与别人交往，尤其是与政界、商界等领域的高层人士交往，必定会招致对方的轻视。

温馨提示

·男人的腰带和裤袢上不应挂任何东西。

·腰带本身就是一件配饰，不必再用别的东西装扮。

·钥匙、钱包、手机等杂物可以都放在皮包里。

内衣不可露出外套

人们穿衣，常常不经意间犯下相似的错误：冬天，男性的高领保暖内衣从衬衣领口中露出来，袖口从衬衣袖口中露出来；夏天，女性的内衣肩带从上衣的领口露出来或从短袖上衣的袖口中滑落出来。

男上司给女下属交代任务时内衣露出外套，女下属会缺乏安全感；女主管给下属开会时内衣从外套中露出来，有损自己的尊严；接待外国客商时内衣露出外套，对方会认为本单位不正规、不可靠。

内衣露出外套，对人对己都容易惹出尴尬，应当避免。

温馨提示

·应尽量穿贴身、弹性好、隐蔽性高的内衣。

·穿西装、职业装时，尽量不要穿高领内衣、高腰衬裤或衬裙。

·外出前、见人前，一定要检查自己的内衣是否外露。

在正式场合不可穿闪闪发光的衬衣或外套

穿闪光的衣服会让你的形象也闪光？错误！

首先，闪光的衣服与公务、商务场合以及办公室、会议室的环境格格不入。如果你身为一个白领或蓝领穿闪光衣服，别人会认为你心思不在工作上；外出拜访别人或执行工作任务时穿闪光衬衣或外套，会显得不伦不类。其次，闪光的衣服对形成良好的修养、高雅的气质、不卑不亢的态度毫无帮助。能把闪闪发光的衣服穿得有品位、有气质的人不多，一般人穿上都会与“庸俗”和“低劣”这两个词结缘。

闪光的衬衣、外套只适合舞台造型。

温馨提示

- 在娱乐性的晚会上，偶尔穿闪光衣服不算失礼。
- 应避免选择那些点缀金银线、人造宝石、流苏的衬衣和外套。
- 如果穿皮衣，应选择亚光质感、色彩柔和、款式简单的类型。

女性穿套装不可配露趾凉鞋

露趾凉鞋虽时尚，却不是配任何裙子时都能穿的。

女性穿的套装也包括工作场所穿的制服。穿套装的场合一般是办公室、各种正式会晤等，氛围比较严肃。露趾凉鞋的休闲意味比较浓，如果搭配套装，第一会使女性的形象显得突兀、不雅，使所在场合的庄重色彩减弱；第二露趾凉鞋会凸现女性的性别色彩，从而使自己的职业身份被掩盖，容易使女性受到别人的轻视；第三是违背一般正式场合的着装规则，给人一种以自我为中心和轻佻的印象。

露脚跟的凉鞋也上不得正式场合的台面，坚决不能配套装穿。

温馨提示

·女性穿套装时，应该穿中跟或高跟的皮质船鞋。

·在公务或商务场合，女性的皮鞋应该以暗色为主，如黑色、暗红色、深褐色，并且要与套装颜色相配。

·穿套装时所配的皮鞋款式应尽可能地简洁，不要有耀眼零碎的彩色亮片等装饰。

女性不可穿破损的丝袜

当女性的丝袜破损时，它所起到的作用就不是美化和体现优雅庄重，而是起相反作用。

从仪表上讲，破损的丝袜会使腿部皮肤显露，使整体形象不和谐，如果露出汗毛，则更是粗俗。从留给别人的印象上讲，丝袜上有破洞和断裂的细丝，这样的女性起码会让人质疑她的谨慎细心，继而怀疑她的认真负责；穿着破丝袜见人，说明她不重视与她会面的对象。精细的丝袜本是女性表达对他人尊重的一种载体，丝袜破了，礼仪也就有了漏洞。

温馨提示

·购买丝袜时，应该挑选韧度和弹性较高的优质丝袜。

·女性上班或外出时应该随身准备一双备用的丝袜。

·破损的丝袜一般不容易修补得无痕，如果破损部位无法遮掩，就必须换掉。

女性穿高跟鞋走路要避免声音太响

许多女性喜欢给高跟鞋钉上金属鞋掌，走起路来“嗒嗒”响，觉得这样很有味道。其实这种认识和行为都是错误的。

女性的高跟鞋“嗒嗒”响，说明她比较张扬，甚至会令人觉得她“飞扬跋扈”。女性公司职员在办公室里穿着“嗒嗒”响的高跟鞋走来走去，必然会影响别人工作；女服务员穿着“嗒嗒”响的高跟鞋为顾客服务，无形中就降低了服务水准；女公务员穿着“嗒嗒”响的高跟鞋参观访问，会让人认为她作风浮躁，做事走过场。

女性穿的高跟鞋声音太响是不恰当的炫耀，应当避免。

温馨提示

- 女性的高跟鞋如果发出刺耳的声音，应该钉上橡胶垫。
- 女性走路时脚步轻一点，可以避免发出沉重的脚步声。
- 女性不要穿鞋跟太高、太细的高跟鞋。

女性在商务场合应穿高跟鞋

商务场合，女性应该穿得庄重保守，但这并不代表女性可以穿有居家味道的平底鞋。

随便穿双平底鞋上阵，不是明智之举。穿平底鞋，第一会使职业套装失色，第二会使女性显得不出色。如果一个女性高管穿平底鞋主持动员会，员工们会觉得她底气不足；如果一个女秘书陪上司谈业务穿平底鞋，对方会认为女秘书所在的公司不规范。

女性在商务场合千万不要穿平底鞋。

温馨提示

· 平底鞋只适合在休闲场合、配休闲风格的服装穿。

· 女性在商务场合应该穿3～4厘米高鞋跟的高跟鞋。

· 鞋跟超过7厘米的高跟鞋不应在商务场合、办公场合出现。

穿深色西装应配深色袜子

深色衣服配白袜子，尤其是黑白配，从中国传统审美而言的确很经典。但现在，穿深色西装、黑色正式皮鞋配白色袜子出席正式场合会被人讥讽为“驴蹄”。

穿衣打扮是私人的事，任何人都不会强制要求你必须怎么穿。但无论穿成什么样，别人都会根据你的着装为你划分“国界”。国际商务界中公认：穿深色衣服和鞋子配白袜子是失礼之举。如果你穿深色衣服配白袜子去跟国际知名的企业谈合作事宜，你的白袜子首先就会在你和对方之间划了一条“三八线”，结果以失败告终一点儿都不会令人意外。

色彩太艳的花袜子也不能穿。

温馨提示

· 白色袜子只能配白色西装、运动装和运动鞋穿。

· 应穿棉质袜子，避免穿不吸汗的尼龙袜子。

· 袜子的颜色应该与衣服相近或比衣服的颜色深。

服装不可颜色过多

衣服上的颜色并非越多越好。

服装的颜色过多，就是没有重点。如果是在工作场合，别人会从你的着装风格上联想到你处事的风格，从而不放心把重要工作交给你；如果是在社交场合，别人会认为你性格乖张，从而不乐于与你交往。如果你身上衣服各种颜色之间相冲相撞，更会令人厌烦。

浑身上下汇聚多种色彩，不要认为这是时髦、是美，这只能让你像一个会行走的“鸡毛掸子”，并且成为人群中不受欢迎的一员。

温馨提示

·一套衣服的颜色应该在 3 种之内。

·服装的色彩应以同色系或颜色互补、相配为原则。

·服装上不同颜色的分布不要太杂乱。

服装颜色要与自身条件及周围环境相协调

服装的颜色或过于沉重，或过于素气，或过于艳丽，都是不讨巧的。

很多衣服款式很好，摆在橱窗里看起来很吸引人，但它不一定适合你的肤色、眼睛的颜色。也许你穿上它反倒比穿普通的旧衣服效果还差；也许因为它的少见，你必须再专门买一大堆衣服来配它。穿一件色彩格外沉闷的衣服主持气氛活跃的晚会，相信参加的人们既会对你能否胜任主持人产生怀疑，也会对这台晚会能否成功产生怀疑。

颜色不合适的服装会损害你的形象，影响你的心情，更影响别人对你的看法和心情，阻碍你和别人的交往。

温馨提示

· 服装的颜色应该与肤色、季节及工作环境、所处场合相配。

· 服装的颜色不要太刺眼或显“脏”。

· 每两种颜色放在一起看，应该不显得突兀和浑浊。

配饰要讲究品位

塑料手镯、样式笨重的镀金胸针，诸如此类的配饰都是没有品位的体现。佩戴这样的配饰是错误的行为。

一个戴劣质配饰的人，会让人觉得不诚实；一个戴样式夸张配饰的人，会让人觉得不稳妥；一个戴陈旧、有瑕疵的配饰的人，会让人觉得思考问题、办事不周全；一个戴色彩杂乱配饰的人，会让人觉得浮躁。如果你展现出的形象“级别”很低，那些“级别”较高的人们自然会觉得你不适合与其交往。

如果配饰没有品位，则无法起到积极作用，还不如不戴。

温馨提示

· 配饰的选择标准是质优、精致、简洁。

· 配饰的佩戴法则是少而有特色。

· 配饰的色彩要求是同色。

戴领带夹要注意场合

领带夹是一种常见的搭配西装的饰品。它是不能乱戴的。

领带夹的作用一是标志身份。国际上默认，戴领带夹的男士是已婚人士。初入职场的年轻人佩戴它反而会显得见识狭窄、装模作样。领带夹的第二个作用是固定领带。不刮风、不会引起领带飘动的场合戴领带夹会让人觉得虚张声势。

领带夹并非人人都可戴，不顾身份和场合乱戴必然是错误的。

温馨提示

· 除了穿制服的人员和相应场合中地位较高的人以外，不要戴领带夹。

· 在正式场合或餐桌上可以使用领带夹。

· 只有在穿西装时才能戴领带夹。领带夹应该别在衬衣胸前靠下的位置，并且原则上应该让它隐藏在西装上衣里面。

不可在单层袖口的衬衫上别袖扣

袖扣被视为高雅男人的身份标志甚至个性标志。它是衬衫专用饰品，但是不能扣在普通衬衫上。

拥有庞大家族产业的继承人在单层袖口的衬衫上戴袖扣，别人会认为他没有接受良好的教育，更怀疑他能否承担重任；一个衣冠楚楚的经理人把袖扣装饰在单层袖口的衬衫上，即使他一再暗示自己的身份，也不可能轻易取得对方的信任；一个出席时装界聚会的设计师在单层袖口的衬衫上别袖扣，别人会认为他的职业有待商榷。

袖扣戴错地方只会浪费袖扣的功能。

温馨提示

·袖扣只能用在俗称法式衬衫的双层袖口衬衫上。

·袖扣适合在出席正式场合、隆重场合时佩戴。

·材质精、设计美的袖扣才能起到应有的作用。

戴戒指要遵循传统习惯

戴戒指不单是为了美观和体现身份，还应该考虑不同手指上的戒指代表什么意义，否则就犯了社交礼仪的忌讳。

戒指戴得太多有自大之嫌，戒指戴错了手指会引起麻烦。已婚的人将戒指戴错手指，一旦有别人向其示爱，尴尬就会一时间无法收场。单身的人戴错手指，大概会让别人望而却步，说不定还会被人认为是别有用心、故意戴错。

戒指是会说话的。不遵循传统习惯而戴错手指，就会让别人理解错误。

温馨提示

·戒指一般应戴在左手上，并且戴一枚就足够了。

·无名指上戴戒指表明已婚，中指上戴戒指表示已有恋人，小指上戴戒指表示独身。

·食指上戴戒指，表明正在寻找恋人。大拇指上不要戴戒指。

第二章

20 几岁要懂得的交往礼仪

不可称呼自己为“某先生／某小姐”

“您好！我是李先生”“我是张小姐”……这样的自称听起来很堂皇，却是错误的。

作为上门推销的业务员如此称呼自己，表明他连起码的职业素养都没有；作为参加求职面试的大学生如此称呼自己，表明他缺乏实践经验，待人接物的能力欠缺；作为演员或主持人在公众面前如此自称，表明他严重自恋、虚伪做作。

中国人向来奉行谦恭的态度，称呼自己为“先生”或“小姐”，显然是有违传统礼仪规矩的。

温馨提示

· 面对长辈、亲朋，可以用自己的名字或小名自称。

· 向不熟悉的人或通过电话沟通的陌生人进行自我介绍时，应以全名自称，也可以以自己的姓自称，如“我姓李”。

· 对方是上司或上级领导时，应以全名加职务说明自称，比如“我叫某某，是财务科的负责人”。

在非正式场合也不可随意称呼别人

在非正式场合称呼别人并非不需要讲究。

对女服务员称“小妞”，会被对方视为侮辱和调戏；用对方恋人专用的昵称来称呼异性朋友，对方难免认为你有什么企图。在把“小姐”当作某种不良职业象征的地区称呼年轻女性为“小姐”，在把“同志”当作同性恋者代名词的地区称同性陌生人为“同志”，对方一定会生气、恼火。

从你对别人的称呼中，别人考察着你的素质和教养，判断着你对别人的尊敬程度，甚至从称呼中判断你的人际关系。不假思索地使用称呼，既容易造成误解，又可能给自己招来意外的麻烦。

温馨提示

· 称呼别人之前，应先了解当地习惯，考虑自己和称呼对象的关系。

· 称呼同事、朋友、邻居、熟人，可直呼其名，或只叫对方名字而省略姓，或以“老谁”“小谁”的方式称呼其姓。

· 在公共场合称呼陌生人，应根据对方的年龄和性别进行称呼，如“女士”“先生”“小伙子”“老伯”“大妈”等。

握手要注意场合

握手是一种礼貌，但如果不看场合握手，就不能说是礼貌之举了。

听名人作报告，对方报告完毕，正在喝水解渴，你热情地伸手相握，无疑是对他的不敬；初次拜访别人，对方正在接电话，你迫不及待地与对方握手，显然是对他的打扰；别人双手抱着一堆资料从图书馆出来，你殷勤地伸手与对方相握，明显是给对方出难题；参加社交聚会，看到一个朋友正在和别人交谈，你马上要求握手，一定会被人视为冒犯。

握手不看场合会引起误会和尴尬，因此，握手之前一定要事先“观察好形势”。

温馨提示

·与人握手应选择合适的时间和场合。

·握手的同时应该看着对方的眼睛，并致以问候。

·在餐桌上、厕所里以及别人有事在身时不要与之握手。

不可用左手握手

有的人握手时，表情和动作看起来都很标准，其实错了，因为他用了左手。

一些国家认为左手不洁，如印度、俄罗斯等，他们认为左手一般是人们如厕用的，用左手握手是侮辱和不敬的做法。我国的一些少数民族也有类似的看法。如果故意以左手握手，更会加深对方对你厌恶和戒备的心理，不要说合作，彼此深入了解也许都很困难。参加大型典礼或电视直播节目，用左手握手，你的失误立刻会被大家看到，并迅速成为你形象上的污点。

用左手握手不合礼仪。

温馨提示

·无论何时握手、与谁握手，都应该用右手。

·如果不便握手，如手上有伤口，应礼貌说明并道歉。

·两人距离1米左右时握手较为合适；如果相距很远，不要急着提前伸手。

切忌戴着手套或墨镜握手

戴着手套握手不能说明你很讲卫生，正如戴着墨镜握手不能说明你有神秘迷人的气质。这是错误的、不受欢迎的行为。

戴着手套或墨镜握手，别人会感觉不到你的温度，看不到你的眼神，无法感知你的内心，无法相信你的真诚。如果你的地位高于对方，这样握手是在表示自己身份高贵，不屑与对方接触；如果对方的身份高于你，这样握手是对别人的轻蔑和戒备。当别人主动伸手与你握手时，你这样做会让对方感到失望。

温馨提示

·握手前应该把手套或墨镜摘下，如果有特殊情况，一定要事先说明并道歉。

·在社交场合，女性戴薄纱手套与人握手是应该被允许的。

·与别人握手后，要避免马上用纸巾擦手或洗手，以免别人误以为你嫌弃对方。

握手时应起身站立

坐着握手是向握手对象暗示你不想和他握手，代表和传达出的是消极态度。

坐着与陌生人握手，对方会觉得自己不受尊重；坐着与晚辈握手，对方会觉得你自以为是；坐着与下属或客人握手，对方会觉得你装模作样、摆架子。坐着握手可以被理解为否定对方，被误解为敌意，也可以被理解为无视对方，被误解为轻蔑。即使你无心得罪别人，也会给别人留下故意而为的印象。

即使年龄与身份相仿的熟人相见，坐着握手也不能称得上礼貌。边握手边和其他的人寒暄，说明你对握手对象心不在焉。

温馨提示

·除非你是残疾人，否则应该站起来与人握手。

·年长者或身份较高的女性可以坐着与人握手。

·握手时，另一只手不能插在衣兜里，嘴里不应该有食物、香烟等物。

以双手递接名片

名片虽小，送出和接受时也不该只用左手，甚至只用左手的两个手指，因为这是令人厌恶的行为。

左手递名片是对接受者的不敬，左手接名片是对递出名片者的不敬。在公众场合中，如果你的公众形象很好，左手递接名片会使你的形象受损；如果你尚未达到一定的知名度，左手递接名片会让你的公众形象贴上负面标签。面对长者这样做，你会给对方以“犯上”的印象；面对晚辈这样做，你会给对方以“耍大牌”的印象；面对平辈人这样做，对方会觉得你对他有消极看法。

温馨提示

·递接名片时动作应从容。

·递送和接受名片时应用双手或右手。

·男性不应主动向同性的配偶或其他女性亲属递送名片。

在社交场合要主动介绍自己

有的人在社交场合或公务场合不主动作自我介绍，也许他认为，让别人来介绍自己才够面子。这是错误的。

到外单位公干不做自我介绍，对方就不能肯定你的身份，甚至不相信你的身份；在社交场合遇到自己想结识的人，单方面询问对方而不作自我介绍，对方会摸不清你的来路；求人办事时不做自我介绍，对方就无法接受你的请求。即使你是著名的公众人物，初次到异地访问或出席正式活动而不作自我介绍，别人会认为你把自己抬得太高。

只要你面对的人与你是初次交往，就不能不做自我介绍。

温馨提示

·自我介绍时可以用介绍信、名片等做辅助工具，或者请别人辅助介绍，如请别人把你带入一个陌生的交际圈。

·自我介绍应突出自己的优点和特点，讲究方式。

·自我介绍应该组织好内容和语言逻辑，防止杂乱无序。

上门拜访前先预约

贸然上门拜访是不符合礼仪之举，如果你有事相求或商量，则失望的可能性会加大。

因为公务性或商务性事务上别人的办公地点贸然拜访，对方可能正在处理事务而无暇顾及，如果对方已经出差，你连向对方打个招呼的机会都没有。如果是拜访私人而贸然上门，对方可能在招待客人、举办小型聚会、休息，甚至有可能在和家人吵架，你的到来必定会让对方感到不知所措。贸然上门拜访，对拜访者来说会让主人感到突兀、为难，对接待者来说会导致行为仓促而难以让来客达到满意。

温馨提示

·上门拜访前应该和主人预约。

·上门拜访时应该征得主人的同意。

·上门拜访时应保证不打扰主人的正常工作和生活。

不可单独夜访异性朋友

单独夜访异性朋友引起别人的猜疑和误解自然是难免的。

无论是让异性朋友误解，让异性朋友的伴侣或家人误解，还是让异性朋友周围的熟人、陌生人误解，都是不应该的。好心拜访别人，反倒让对方背负名誉上的负面影响，给对方心里“添堵”，这能说是符合礼仪的做法吗？

温馨提示

·拜访异性朋友时最好与别人做伴。

·拜访异性朋友应该在白天。

·拜访异性朋友时在对方处不应逗留太长时间。

到朋友家做客不宜带小孩儿同行

到朋友家做客带小孩儿同行并不礼貌。

如果你的孩子很小，必然需要时时悉心照顾。带孩子上门，吃喝拉撒都在朋友家，不但不雅观，还会制造令人不舒服的气味和噪音，想必给朋友带来的麻烦会多过乐趣。如果你的孩子特别闹，到朋友家后“人来疯”一上来，难免会打破东西、索要朋友家新奇的物品、撒娇哭闹，这样大人自然就无法正常交谈，更不要谈开心和乐趣了。

到朋友家做客，除非朋友强烈要求，否则不要带小孩儿。

温馨提示

- 拜访朋友时尽量不要带太小的孩子。
- 带小孩儿到朋友家做客时，应该保证孩子不过分哭闹。
- 带小孩儿拜访朋友时，不要让小孩儿破坏朋友家的物品。

切忌带着送给别人的礼物访友

带着送给别人的礼物访友是不合适的。

带着送给别人的礼物访友，如果对方误以为你是带给他的，必然会很高兴地请你放在某个位置或主动上前接过收好。然而当对方误解后，拿也不是，放回去也不是，双方都很尴尬。当对方知道这礼物不是带给他的，多少会有类似的想法：“上我家带着给别人的礼物，这不是明摆着让我眼馋、寒碜我吗？”对方可能会认为你是故意以此举来向他表示不满或示威、讽刺。访友本是好意，却无端惹出尴尬，谁也不会觉得这是礼貌。

温馨提示

- 带着送给别人的礼物访友时，应先把礼物寄放在别处。
- 不得不带着送给别人的礼物访友时，应先将物品向对方说明。
- 带着送给别人的礼物访友时，最好给朋友也准备一份礼物。

敲门时要把握分寸

敲门时不掌握分寸，咚咚乱敲，敲到让人心烦的地步，一定是错误的。

杂乱的敲门声让人感到心烦意乱，同时会觉得敲门的人太嚣张、脾气暴躁。过大的敲门声会影响其他人，影响其正常工作或休息。持续不断的敲门声会让人紧张，感到被催促、被逼迫的压力。即使上门者有要紧事，敲门无所顾忌也会令人厌恶。

温馨提示

- 敲门时声音要轻而有节奏，以对方能听见而又不太响为宜。
- 敲门时一次敲两三声即可。
- 敲门时间不要太长。

进门要换鞋

进门不换鞋是不对的。

上门时鞋子会把户外的脏土、杂物带进室内，污染主人精心清扫的地面，还可能带进病菌。进门换鞋是对主人劳动成果的尊重，能使主人的居室保持整洁，也是对主人健康的负责。进门是否换鞋并非原则性问题，但如果主人家有进门换鞋的习惯，作为客人上门不换鞋就是粗俗的表现。进门换鞋这一细节，能体现出客人对“礼仪”二字的理解和尊重，体现出客人有良好的修养。

温馨提示

·做客时，进门前应询问主人是否需要换鞋。

·换鞋时应根据主人家的习惯将鞋放在指定位置。

·如果鞋子很脏，进门前应先清理鞋底、鞋面。

拜访要控制时间

拜访任何人都不应该不控制时间。

拜访好友、拜访自己崇拜的人、拜访亲戚等等，兴致上来，一坐大半天，几个小时过去也没有走的意思，即使对方再有谈话的兴致和良好涵养，也会感到疲惫。如果对方与你是初次交往，说不定会被你这种超级热情吓得再也不敢接待你。拜访别人时逗留时间长到让对方厌恶甚至害怕，没有人会觉得这样是礼貌。

同样，拜访时间太短，见一下，没过 5 分钟就走，对方会认为你是嫌弃和敷衍，这样也是不合礼仪的。

温馨提示

·临时性访问应该控制在 15 分钟左右。

·一般关系的拜访和事务性的拜访时间应控制在半小时以内。

·好友聚会时间最好不要超过两小时。

切忌随便进入主人的房间

随便进入主人的房间，有窥探隐私之嫌。

第一次上门拜访，处处觉得好奇，主人请你在客厅里坐，你偏偏把目光投向其他的房间；不等主人答应，你就自作主张地推开对方的卧室进去参观——这样做相当不礼貌。如果主人家其他房间里有人，贸然闯入是对其冒犯；如果主人除客厅之外的房间都未打扫，贸然进入会使主人尴尬；如果主人家藏有贵重或新奇的物品，四处乱闯会让主人担忧。

温馨提示

·拜访别人或受邀做客到别人家里时，应该尽量在主人指定的房间内活动。

·未经允许，不要窥视主人家的各个房间。

·未经允许，不要动主人家的任何物品，更不要打开对方的橱柜等家具。

主人送客时要礼让

主人送客时，客人不应该心安理得地接受主人的送行而不做出任何表示。

主人送客人送到很远，客人一句谦让的话都不说，给人的感觉是太傲慢、太无情，也太不识抬举。主人送客时不礼让，会让满怀热情的主人在情感和礼仪上缺少回应，也会给主人留下自私的印象；主人送客时不礼让，会给主人增加负担，送客越远，主人所做的额外付出越多。

主人送客，尤其是客人与主人比较熟悉时，客人千万不能无动于衷。

温馨提示

·主人送客时应请对方留步。

·主人送客时不要与对方长时间寒暄。

·如果主人站在门口目送客人，客人到转弯处应回头再次向主人挥手道别。

做客后要向主人致谢

做客后不懂得感谢主人的客人不受欢迎。

如果主人特地隆重招待了你一次，告辞时你却一句感谢的话都不说，对方一定会觉得自己的殷勤款待未得到承认。做客后向主人致谢是必须的礼貌，也是体现一个人是否有涵养、有教养、有感恩之心的试金石。

没有人愿意招待一个吃了就走、对主人的热情和辛苦视而不见的冷漠客人。

温馨提示

·做客后要向主人口头表示感谢。

·如果主人待客很隆重，客人返回后应打电话或写信向主人表示感谢。

·如果有必要，客人应该适时用礼物回谢主人或者回请主人。

喝茶时要细细品味

喝茶时牛饮的人是不配喝茶的。

主人郑重地捧出名茶，精心冲泡，你却举杯一饮而尽，甚至咕咚有声，还让茶水从嘴角流下来。这就是牛饮。动作倒显得淋漓酣畅，却严重损害了你的形象，让你仪态尽失。

喝茶牛饮，就无法体会茶味之美，不能体会茶文化的内涵，以致辜负主人的好意。如果主人的茶价值不菲，牛饮是对主人茶叶的浪费。喝茶牛饮，还会让主人产生你故意与其作对的误解。

温馨提示

- 喝茶时不要一口气喝完。
- 喝茶时应该动作文雅、态度平和。
- 喝茶时不要发出声音。

不可拒绝不速之客

将不速之客拒之门外是不合礼仪的。

对方是慕名而来，因为没有联系方式，打听了很多人、走了很远的路才找到你家，拒绝这样的不速之客会让对方受到伤害；对方临时有急事，来不及联系你，拒绝这样的不速之客会让对方对你失去信任；对方是多年不见的校友或亲戚，路过你所在的城市特意访问，拒绝这样的不速之客会让对方觉得你不近人情。

即使你必须马上出门办事，也不应毫不留情地拒绝不速之客。

温馨提示

·不速之客上门时，应该热情相待。

·不速之客上门时，主人不应露出慌乱、厌烦之色。

·对于不速之客，可以在客厅里招待，无须让进内室。

客人来访要起立

客人到来时不起立迎接是错误的。

长辈做客也好，同事和朋友来访也好，晚辈拜访也好，如果不起立迎接就不足以表达欢迎、友好、敬重之情。客人到来，主人该看电视继续看电视，该浇花仍然浇花，顶多抬头向客人努努嘴，意思是说“坐”。如果你做客时遇到这样的主人，想必一点儿身为客人的优越感都不会有了。客人到来时不肯起立迎接的主人，即使笑容再灿烂、话语再动人，也会使客人失望和误解。

温馨提示

·客人到来时，主人应马上放下手中的事情，或停止与别人交谈。

·客人来访时应该起身相迎。

·主人应该与客人热情寒暄。

敬茶不可满杯

敬茶满杯不代表大方、热情，反倒是不对的表示。

中国有“茶满欺人”之说，因为茶水一般都上热茶，茶水倒得太满，水容易溢出，烫到客人的手，或泼洒到桌上或地上；另一方面，茶水倒得太满，主人端杯时容易将手指浸泡在茶水中，这自然是很令人反感的。敬茶满杯，客人会认为主人厌烦自己，或者对自己有不满意的地方而不愿直说。

温馨提示

·敬茶时，倒水至七八分满即可。

·敬茶时，应避免茶水溅出，更不要让茶水淋湿客人的衣服或文件。

·敬茶时，应用双手或右手递上。

最好不用一次性纸杯盛水待客

用卫生纸杯待客显得有些敷衍，如果用纸杯冲茶待客，更是不礼貌的做法。

中国人喝水一般讲究水杯的质地和档次，纸杯是简陋用具，使用纸杯一方面显示出主人对客人不够重视，一方面说明主人与客人之间不够亲近。一次性纸杯给客人的感觉是：自己和主人的交往是一次性的。虽然一次性纸杯更卫生，却不符合中国人传统思想观念中的“人情”。

温馨提示

·最好不用一次性纸杯盛水待客。

·必须使用一次性纸杯待客时，应该在茶杯上加上杯托。

·待客的杯子应该干净而没有残损。

敬茶后要及时添茶

敬茶不可不添茶。敬茶不添茶，等于是告诉客人：不想招待你了。

在中国传统礼仪上，敬茶讲究“不过3杯”，但是只敬一杯，显然是“不够意思”的。如果主人的茶叶是上品，主人只敬一杯，客人会觉得主人太小气，太不近人情。如果客人是初次到访，只敬一杯，客人会认为主人欺生；若客人是熟客，只敬一杯，客人会觉得主人与自己疏远。

温馨提示

·向客人敬茶后，当客人杯中水剩下三分之一左右时，应及时添水。

·当茶水颜色变淡时，应为客人换新茶。

·添水时，要把茶杯放在桌边，不正对客人，以免茶水溅到客人。

不可频繁添水

如果你想表现好客，请不要用频繁添水来表现。

为口渴的客人添水是体贴，为爱喝水的客人添水是关心，为喝茶的客人添水是尊敬。但频繁添水就是不礼貌、不尊敬的表现了。喝水要有限度，水喝得太多，享受就变成了受罪，客人会被无休止的水吓倒。另外，频繁添水在一些老辈人看来，有逐客的意思。如果你与客人相谈正欢，却频频为其添水，对方一定会对你热情的表情和添水的动作感到困惑：这人怎么如此虚伪?

温馨提示

·待客时添水要适度，不要在客人刚喝了一两口水就马上添水。

·不要频繁劝客人喝水。

·如果客人不想喝水，不要硬劝。

不可在客人面前与家人争吵

在客人面前与家人争吵的主人不合格。

当着客人与家人发生争吵，甚至打骂，会制造出紧张、难堪的气氛，会让在场的客人感到自己“来得不是时候”；主人当着客人与家人争吵，容易被客人认为是“指桑骂槐”，误以为真正的矛头是针对自己；在客人面前与家人争吵，是将家丑外扬的表现，是把不好的嘴脸暴露在客人面前，有损主人的形象；当着客人与家人争吵，会严重影响宾主交谈的效果。

温馨提示

·待客时应与家人和睦相处。

·如果与家人产生矛盾，应待送走客人之后再解决。

·待客期间，不要故意与家人发生口角和争执。

不可任由自家小孩儿打扰客人

无论是多么要好、多么不拘小节的客人来访，都不应该让自家小孩儿任意打扰客人。

与客人谈重要事情时任由孩子在客人面前跑跳，问东问西；客人的衣着打扮有些特别，自家小孩儿不停地玩弄客人的衣服，抓客人的头发；主人的孩子哭闹着让客人为他买糖果……这些都是任由自家孩子打扰客人的表现。客人不可能和小孩子计较，但受到打扰后就不免失态，耽误宾主交流，还容易给客人留下“这家人不懂家教”的印象。

温馨提示

· 招待客人时，应该首先安顿好自家小孩儿。

· 当自家小孩儿哭闹时，主人应尽快好言抚慰，不应当着客人的面呵斥、打骂。

· 如果自家小孩儿已经懂事，要事先教其礼貌地称呼客人，并嘱咐其不打扰客人。

待客时照顾来客的小孩儿或陪同者

待客时，别忘了照顾来客的小孩儿或陪同者。

既然是待客，每一位随自己邀请对象来到家中的人都是贵宾，不应当有贵贱之分，不应当区别对待。待客时不照顾客人的小孩儿或陪同者，会让客人误以为主人讨厌自己带来的孩子或其他人，或者认为主人是在故意做给自己看、贬低自己，客人自然无法很放松地享受主人的招待。忽略了客人的小孩儿或陪客，小孩儿或陪客自己也会感到备受冷落，很容易显得拘谨或故作轻松。

温馨提示

·待客时对客人带来的小孩儿应悉心照顾，给其准备玩具。

·对待与客人同来的陪同者应一视同仁。

·当主人与客人单独交谈时，应为陪同者安排接待者或娱乐休闲项目。

留宿客人要问客人的习惯

让客人在自己家留宿时，不问客人的习惯，按自家习惯照顾对方是不对的。

客人不习惯睡软床，你却特意在为客人准备的床上加铺厚厚的床垫，虽是好意，却让客人无法享受；客人不喜欢看肥皂剧，你却在招待客人期间极力向客人推荐，并请对方和你一起看五集连播的电视剧，客人内心一定苦不堪言；客人习惯晚睡，你却早早地把客人安顿好、嘱咐他早点睡，并随后就去自己的卧室玩电脑游戏，客人一定会觉得你是在向他表示厌倦和不满。

温馨提示

·留宿客人时，应事先询问客人对住宿环境的要求。

·留宿客人时，应针对客人的年龄、性别、身份进行安排。

·留宿客人时，应尽量为客人营造整洁、安静的环境。

点菜要问客人是否有禁忌

点菜不问客人有什么禁忌，不是合格的主人。

请客人吃饭不问禁忌，为不喜欢吃甜食的人点甜点，为喜欢吃辣的人点一丁点辣椒都没有的清淡菜，为喜好素食的人点大量味道浓重的肉食……也许你点的菜都是你最喜欢吃的，也许是花费最高的，也许是当地最有特色的，但不一定是客人喜欢的或者是客人能吃的。

点菜不问禁忌，非但不礼貌，还会让人误以为是故意为难、虚情假意。

温馨提示

- 点菜前应询问客人有什么饮食上的爱好和禁忌。
- 点菜时如果在场者有少数民族同胞或外国友人，应及时询问对方的饮食习惯。
- 如果在场有身体不适的客人，应询问对方健康方面的禁忌。

待客交谈时要避免冷场

待客交谈时冷场，是任何一个合格的主人都应该竭力避免的情形。

待客时，如果主人不说话或说话很少，客人就会感到紧张和无聊，会认为主人是在故意制造难堪，暗示客人“你不受欢迎”；如果客人谈话热情不高，主人便顺其自然，也停止发言，客人会认为主人是在赌气。待客本来应该是个宾主尽欢的场景，如果冷场，“礼仪”二字就无从谈起。

温馨提示

· 待客时，不要故意冷落客人。

· 待客时，如果客人不爱说话，主人应主动寻找话题。

· 待客时，如果客人对某些话题很感兴趣，主人应主动顺应并配合客人。

送客要送到门外

送客不到门外，你对客人的招待不算做得圆满。

客人提出告辞，主人立即起身挽留，但只是目送客人自行出门，这样的挽留未免太虚伪勉强。送客不到门外，说明主人在潜意识里早就在盼望客人离开。客人有了这样的认识，心里必定不会舒服。整个接待过程都非常热情、到位，而主人不把客人送到门外，就会将主人的全部殷勤消融殆尽，可谓是功亏一篑。

温馨提示

· 送客要送到门外、楼下，并亲切道“再见”。

· 如果客人初次到来，应将客人送到稍远一点的地方。

· 对于贵客，可将其送到车站，并为其准备礼品。

送客时走在长者后面

送客时，主人不应该走在长者前面。

尊敬长辈、尊敬贵客的行为应该体现在待客始终的任何一个细节。送客时走在长者前面，会让客人有“主人嫌我走得慢，他巴不得我早点离开”的误解。送客时走在长者前面，还会让客人觉得主人不懂尊重长辈、好大喜功、爱出风头。

送客时主人走在长者前面，无法让他们体会到长者的尊严。

温馨提示

·送客时，主人要走在长者身后。

·送客时，主人要主动搀扶年老体弱的客人。

·送客时，主人行走的速度不要太快，不要距离客人太远。

贵客走后要及时问候

贵客走后，主人不再问候是不得体的。

全心全意地招待过贵客，不等于已经尽心。贵客离开后主人不闻不问，会让客人感到自己接受过的招待是出于客套、是虚伪的。贵客走后不再问候，显得主人做事虎头蛇尾，不懂得“善后”，而且对客人缺少发自内心的尊重和关心。如果客人往返都需要鞍马劳顿，客人走后再不向其问候，主人在客人心目中的形象和地位一定会一落千丈。

温馨提示

·贵客如果是白天离开，视其返回路程远近，当天应用电话、信件等方式向对方问候平安。

·贵客如果是晚上离开，主人应在次日白天非工作时间向其表示问候。

·贵客告别后，主人应与其保持联系。

切忌脏话不离口

“国骂”“京骂”……无论什么品种的脏话，都不宜出口。

在大街上口出脏话，会让你仪态尽失，并给人以没有教养的印象；在长辈面前说脏话，会让对方认为你不把他放在眼里；在异性面前说脏话，会将对方置于尴尬的境地；在办公室里说脏话，会“污染环境”；在外宾面前口出脏话，对方会质疑中国国民的素质。说脏话会降低人的身份，还会给人以故意惹是生非的嫌疑。在任何场合、任何时间，面对任何人，口吐脏话都会让别人鄙视。

开口说话前，一定要事先检验其中有没有脏字。

温馨提示

- 和别人说话要注意自己的身份和所处场合。
- 当众说话要礼貌，用语要文雅。
- 说话要看对象，养成“三思而后说”的习惯。

请人帮忙要说“请”

“喂，给我拿某某东西！”“快来帮忙！”听到这样生硬的请求，你愿意帮助对方吗？

请友邻单位帮助解决会议场馆的问题时不说“请”，对方会觉得你态度强硬，难以接受；请陌生人帮你指路时不说“请”，对方会觉得你粗野无礼，“活该没有人帮助”，不愿帮忙。请人帮忙不说“请”，无论对方是长辈、晚辈还是同事、亲朋，都会有受逼迫、被斥责的感觉。如果对方较真起来，你不经帮助就无法完成的事就肯定完不成了。

任何人都没有义务无条件帮助你。因此，请人帮忙，千万别忘记说“请”。

温馨提示

· 请人帮忙时一定要使用礼貌用语，如“请”“劳驾”“拜托”等等。

· 即使被拒绝或别人没有尽到你的满意也要向对方说“谢谢”。

· 不要勉强别人为你做事，不要用命令的语气要求别人。

请求帮助不可超出别人的能力范围

利用友谊请求帮助，多半是请别人做对方不想做或者超越对方职责范围的事情。这样做显然是不为对方着想、对对方不利的。

以友情为筹码请别人做事，会让对方认为你自私自利；把友情当作利用别人的手段，别人会觉得受到威胁。利用友情请人帮忙，本身就是对友情的伤害，会让别人怀疑你交友的初衷，降低对你的信任。

你的要求再迫切，理由再充分，即便你只是想强调一下你的需求很重要，也不该拿友情说事。

温馨提示

· 应该把为人做事和朋友关系分别对待，分开对待。

· 自己能做到的事情不要利用别人。

· 不要要求别人做他职责范围和能力之外的事情。

致谢、道歉要及时

致谢和道歉只有及时表达才能起作用。

企业、公司接受客户的产品或服务质量投诉后不及时道歉，信誉就会受损，甚至会危及品牌价值；接受同事、亲友的帮助后不及时致谢，无意间妨碍或伤害了对方而不及时道歉，彼此间的关系就会淡化甚至恶化；陌生人给予你帮助，你却不及时感谢，你给陌生人带来了不便而不及时向其道歉，对方会想“这人真不知趣，太没教养了”。

不要觉得早一点儿或晚一点儿致谢或道歉无所谓，如果不及时，再诚恳的行动也显得虚假、勉强。

温馨提示

- 得到别人的帮助后应立刻道谢，误解别人或妨碍别人时应当道歉。
- 无法面谢对方或无法当面道歉时，可以托人转达或以信件、电话的形式表示。
- 受到的帮助很多或给别人带来的麻烦太大，应该及时以送礼物或向对方提供帮助的方式致谢或道歉。

拒绝他人要委婉

直截了当地拒绝别人很不礼貌。

别人刚提出他的请求，你就不假思索地一口回绝，对方自然会认为你不近人情，过于冷漠；熟人提出请求，你断然拒绝，对方会觉得自己很没面子；别人抱着很大希望请求你帮忙，你却当众毫不客气地断然拒绝，对方一定感到你是在“作秀”；心胸狭窄的人遭到你的果断拒绝，心中难免抑郁不平。如果拒绝方式不当，还会导致误会或矛盾甚至事故。无论对方身份如何，要求是否合理，断然拒绝都会对双方造成不利影响。

为了不给求助者带来伤害，也为了使自己不被误解，绝对不要断然拒绝别人的要求和请求。

温馨提示

- 对于违法、违背自己原则的事情可以直接拒绝，但仍要态度礼貌。
- 对于自己办不到的事情，要耐心向对方说明原因并请对方谅解。
- 如果对方和自己关系很好，拒绝时要考虑对方的感受，说话要委婉。

注意多赞美他人

吝啬赞美和客观公正、光明正大不是一个概念。吝啬赞美别人是错误的。

对下属吝啬赞美，对方会心理紧张，怀疑自己的工作能力；对上级吝啬赞美，对方会降低对你的关注程度；对亲朋吝啬赞美，对方会信心不足，怀疑自己与你的关系；对客户和宾客吝啬赞美，对方不容易对你产生深刻印象，进而延缓双方交往的深度和持久度。

赞美是一种礼仪，懂得赞美的人更受人欢迎，更容易展开社交并取得成功，不要因为吝啬赞美而失去别人对你的好感。

温馨提示

·与人交往过程中应该及时对自己看到的对方的优点进行赞美。

·对于别人的成绩和优点不要视而不见，更不要诋毁。

·要本着接受对方、欣赏对方的态度与人交往，要主动寻找他人身上的优点。

别人失误时不要大惊小怪

别人失误时大惊小怪说明你没有修养，志趣低俗，喜好哗众取宠。

别人发言时说错了话，你的大惊小怪会让他更容易出错；别人在工作中做错了一份报表，你的大惊小怪会让对方增添烦躁；别人打错了电话，你的大惊小怪会让别人觉得小题大做。在身份较高的人失误时大惊小怪，在别人看来是嫉妒心理的泄露；在地位低于你的人失误时大惊小怪，在别人看来是向其施加压力的表现。

别人失误时大惊小怪，对人对己都没有益处，这样做是有悖礼仪的。

温馨提示

·对于任何人的失误都应该以同情和理解的态度来对待。

·如果有必要，应委婉地向失误者提出安慰和建议。

·如果别人的失误有关仪态，且对方极力掩饰失误，你可以装作没看到，从而维护对方的尊严。

切忌用食指指人

用食指指人是最不礼貌的行为。

介绍人们相互认识时用食指指人，你会给别人一种高高在上的感觉；清点人数时用食指指人，给人的印象是你在数牲口；招呼别人时用食指指人，会让对方觉得你自高自大、不把对方放在眼里；双方交谈提到对方时用食指指人，会有威胁和蔑视对方之嫌；在别人背后指指点点，会有说别人闲话的嫌疑。

用食指指人有侮辱、轻蔑之嫌，应坚决杜绝。

温馨提示

·指人时应该使掌心向上、四指并拢，做类似于“请”的姿势和动作。

·指自己时也不要使用食指，而要用手指并拢触胸或以掌心按胸。

·做手势时，动作幅度应加以控制，上举不要超过对方头部，向下不要低于自己的腰部。

不应随意拍别人肩膀

用拍肩膀的动作表示友好、问候、请求、询问的人不在少数，但这是不值得提倡的动作。

随意拍领导的肩膀是冒犯领导，别人也会为之侧目、心生猜疑；随意拍异性肩膀是骚扰或暗示，别人很快会为你制造出新的绯闻；随意拍陌生人的肩膀是试探或进攻，别人会对你产生防范心理。

关系未到一定程度或场合不适合，就不该随便拍别人的肩膀。

温馨提示

·对于长辈、陌生人、自己不熟悉的人，不要使用亲密动作。

·在公共场合或私下场合对于关系一般的异性，不宜拍对方肩膀。

·对晚辈和同性也不要随意拍肩，或做其他表示亲近的动作。

对别人的尴尬要帮助化解和掩盖

别人摔了一跤，别人被突然而至的大雨淋成了落汤鸡，别人的衣服扣子没系好，别人受到了嘲讽……每个人都可能遇到意想不到的尴尬。但别人的尴尬不应该成为你的笑料，不该将其指给其他人看。

上司眼角有眼屎，你指给别人看，对方不会认为你观察力强，而会认为你有怪癖；路人被踩掉鞋子，你指给别人看，对方不会认为你善于发现细节，而会认为你心里阴暗。

你将别人的尴尬指给其他人看，日后其他人遇到尴尬，相信你会指给另外的人看。长此以往，你会失去别人的信任和尊重。

温馨提示

·对于别人的尴尬，能提供帮助就低调上前帮助，否则就避开。

·遇到别人的尴尬场面，不宜做出惊奇、夸张的表情，更不能发出叫声。

·如果是熟人遭遇尴尬，事后不要提起。

男士要走在女士的左侧

男士走在女士的右侧是不合适的。

首先，“男左女右”是中国的传统规则，男女并立或同行时通常右侧是默认的女士位置；其次，国际通行的准则是“以右为尊”，女性为尊又是社交场合公认的原则。在大街上男女同行，在公园散步时男女同行，男士走在女士右侧，来往车辆和行人则最先妨碍女士。在公众场合、正式场合，男左女右也是约定俗成的规则。

温馨提示

- 男女同行时，应让女士走在里侧而不一定是右侧。
- 引导前行时，男士应走在女士的前面。
- 进出大厅、公共场所等地时，应请女士走在前面。

探病前要问清情况

探病一定是为了表示对病人的关心，但不事先问清情况就探问，有百害而无一益。

如果病人是刚做完重病手术，急需静养，你前去探视只能给病人徒增负担，对其康复毫无益处；如果病人处于昏迷或危重状态，随时都需要医护人员的严密看护，你前去探视是对疗救工作的妨碍；如果你去探望时正赶上病人吃饭、休息或接受治疗，必然会打乱病人的正常作息。

探病不将情况了解清楚就贸然前往，既耽误自己的时间又对病人不利，甚至可能引起病人家属的反感和批评，当然是错误的。

温馨提示

·探病前应问清楚医院允许探视的时间，以及病人的病情、作息规律。

·如果病人情绪不稳、心情烦躁，需要独处，则不应强行探视。

·当病人需要隔离观察或治疗时不要探视。

探病时切忌详问病情

如果你觉得探病时郑重地向病人本人或在场的病人家属、医护人员详问病情，能充分体现出对病人的关切和安慰，这说明你对探病礼仪误解甚多。

一进到病房里就向病人索要病历，想看个究竟；看望病人期间不停地谈论治疗方案，如果病人不希望别人知道详情，这样做会使病人难堪。医护人员查问病人时，马上当着病人详问治疗手段和用药情况，这样做会触到病人的痛处，使其感到惊惶；如果医护人员有必要对病人部分保密，这样做便是干扰医院的工作。

探病时，一定要避开询问病人具体的病因等问题。

温馨提示

·探望病人时，对其表示关心即可，态度应与其未生病时一样。

·见到病人时不要做出惊讶、担忧的表情，以免加重病人的心理负担。

·探病时不要就病人的状态做过多评论。

探病时宜说一些轻松话题

探病时谈什么话题，这个问题可不简单。

病人得的是小病，如果你大谈“小病时间长了就变成大病”，别人该认为你在诅咒病人；看望病人本该慰问对方，如果你谈论自己在工作或生活上的苦恼，别人会觉得你很无聊，对病人表现出极度的“不体贴”；在病房里谈论别人的闲话以及种种负面的社会新闻，病人会觉得心情沉重。

探病时谈沉闷的话题，是对病人健康的不负责。

温馨提示

·探病期间，不宜谈对方不感兴趣的话题，不宜谈有关疾病和死亡的话题。

·探病期间，不宜谈论忧伤的话题。看望病人时，说话要放低音量，以免病人烦躁。

·争端话题、容易引起兴奋的话题不宜谈。

禁烟场合不可吸烟

在禁烟场合吸烟，在有些人看来只是面子问题，敢于在禁烟场合吸烟是个性和勇气的表现。这种认识实在是毫无道理。

首先，在禁烟场合吸烟是违反规定和有损公德的事，破坏规定，显然是错误的；其次，在禁烟场合吸烟会造成危险或给他人带来不便。在机场、加油站等地吸烟，容易引起火灾和爆炸；在医院、剧场里吸烟，会污染空气，危害他人健康。身为长辈或上级，身处禁烟场合时吸烟，无疑是在制造不良行为的源头。

温馨提示

·在任何公众场合都应遵循禁止吸烟的规定，避免在有禁烟标志的地方吸烟。

·面对女性和孩子及不吸烟的人时，应该避免吸烟。

·在商业谈判、开会、作报告、讲课等场合，即使面前有烟灰缸，也不应吸烟。

切忌在用到别人的时候才表示热情

用到别人的时候才表示热情会给人一种不“实在”的感觉。

平时不怎么打交道的邻居，忽然殷勤上门、嘘寒问暖，原来是想请你介绍一个某行业的熟人给他，此时你一定会感到对方太过虚伪；平时关系一般的同事突然送你高级礼品，一问才知道对方想请你帮他写论文，你一定会认为对方太势利；多年不联系的老同学突然上门拜访，究其原因，原来是对方在工作调动上想借助你的力量，你一定会感觉自己被对方当作了棋子。反过来说，如果你这样对待他人，对方也会这样待你。

临时性的礼貌不是礼貌，别做临时性的绅士或淑女。

温馨提示

·对别人的热情应该始终如一。

·有求于人的时候说话不应太谄媚。

·对待自己周围的人，不应因为对方对你没有帮助就不问候、不理会。

不可以貌取人

尽管人们都提倡注意自己的形象，也很注重穿着打扮，但人天生的容貌和体型是根本不可能改变的。外貌只是给人的第一印象，但是以貌取人却是错误的。

服务人员以貌取人，会让客户尊严受挫，其结果是客户资源流失；管理人员以貌取人，会让被管理者信心受挫，其结果是工作不利。同时会见一群人，只对外貌出众者表示尊敬和好感，其他人一定会感到不公平。在并不特别强调外貌的单位，招聘人才时以貌取人，也许会错过最优秀的人才。出门在外，以貌取人也可能让你遭遇最高明的骗子。

温馨提示

- 应以平和心态对待他人的容貌和衣着打扮。
- 应该以平等的态度对待外表不同的人。
- 应该善于发现外表一般的人身上的优点。

在别人有难处时应出手相助

在别人有难处时找借口离开，绝对不是礼貌之举。

甲心中有烦心事，看到乙闲着，希望乙能听他说说话，而乙却做出“我有事，先告辞了”的回应，甲一定认为乙是故意为之；乙做一项重要工作时暂时腾不出手，希望甲帮他打个下手尽快把任务赶出来，甲却一改认真看乙工作的姿态，推说自己有约而离去，乙一定会感到甲很自私。别人有难处时，最能验证旁观者的真诚，当然也能在这种关键时刻验证旁观者的礼仪修养。

温馨提示

·别人有了难处，能帮的就帮，帮不上的也应给予安慰。

·如果别人的难处是不正当的事情，应予以劝诫。

·如果的确对别人的难处帮不上忙，应该认真解释。

与熟人保持联系

长时间不联系熟人，彼此间的感情自然会淡漠。从礼仪上说，这是对熟人的冷落，是不礼貌之举。

长期不联系熟人，当你的地址和联系方式发生变更，对方如果联系不上你，就会认为你故意与其断绝关系。长期不联系熟人，对方会认为你已经将其遗忘。当你长久未联系后突然问候对方，对方会感到突兀和不适应；如果你正好有事相求，对方会认为你是势利小人。

即使没有重大事情，你与熟人也不能断了联系。

温馨提示

·朋友、熟人应该经常保持联络，即使没时间常见面也应常联系。

·应经常性地了解熟人的近况，致以问候，并向对方告知自己的近况。

·当你有个人的重大事件如乔迁、升迁、结婚等等，应该及时通知熟人。

观看别人打牌、下棋时不宜插嘴

别人打牌正打得热闹，你非凑到前面凑趣，指点某人该出什么、别出什么；别人聚精会神地下棋，你不时插话，满嘴“象”“车”不停。这种人很不受欢迎。

如果你这样做，一来会破坏打牌、下棋者们公平竞争的局势，二来会扰乱他们的思维和心情，再者会显得多事、多嘴多舌，不懂规矩。观看别人打牌、下棋时多嘴多舌是不礼貌的举动，如果你的声音很大很刺耳，估计全体参与者都会“当机立断”，马上转移阵地。

看别人打牌、下棋，一句与牌局或棋局有关的建议也不该说。

温馨提示

·观看别人打牌、下棋等娱乐活动应保持安静和沉默。

·可以叫好，但不应未经允许指点他人。

·不应对参加游戏的任何一方讽刺和挖苦。

交谈时注意与对方保持适当的距离

交谈不注意距离，交谈就可能无法成功。

距离关系一般的人太近，对方会感到受到威胁；与异性交谈时距离太近，对方会感到不安。亲朋好友距离太远，对方会疑心你对其不满或有事相瞒；领导与下属谈话时距离太近，有损领导威严，在别人看来也超越了上下级的关系。集体开会时距离太近，不利于大家集中注意力谈论正题；距离太远，又有逃避责任的嫌疑。

温馨提示

- 一般关系的交谈应该保持社交距离。
- 如果关系比较亲密，可以将彼此距离保持在 1 米或半米以内。
- 对于自己不熟悉的人或异性，交谈时距离不应低于两米。

听别人讲话时身体不可后仰

听别人说话时身体后仰，这样做是错误的。

身体后仰的姿势显得无精打采，更谈不上优雅，谁见到这样的姿势也不会感到愉快。身体后仰，必然使自己与说话者的距离拉得更远，显得傲慢，同时也给人以“不想听”“不屑于听”的印象。身体后仰又暗示出你对别人所说的话不感兴趣，对方会认为自己的话有问题，再说下去，可能会紧张或不自然。如果对方停止讲话，听话者会认为说话者对自己不感兴趣，双方的误解也就由此产生了。

温馨提示

- 听别人讲话时身体应该稍稍前倾。
- 听别人讲话时身体不要歪斜。
- 听别人讲话时姿势要挺拔、端正。

说话切忌总以“我”字开头

说话处处以“我”字开头，绝不是自信的最好表现。

习惯于用“我”字开头是唯我独尊的表现，显得过于张扬、自大。人们都不太欢迎以自我为中心的人，处处以“我”字开头，会显得目光短浅、视野狭窄。如果你向别人提建议，说不定别人会认为你不会讲出什么有用的话，从而对你不屑一顾。

如果你经常以“我”字开头说话，则最好改变这种习惯。

温馨提示

·不应时时处处以自我为中心。

·和别人说话时不应只谈自己，而应主动关心别人。

·代表集体讲话时，应该经常性使用“我们”“大家”等代表性人称代词。

切忌把口头禅挂嘴边

口头禅挂嘴边，不是好习惯。

开头总说“也许”，结尾总说“是吧”，会让人觉得没有主见；“有没有搞错”之类用于贬低别人的港台式口头禅常挂嘴边，会让人觉得自大而且庸俗不堪；“啧啧”“哎呦”等大惊小怪时候才用的词语常挂嘴边，会让人觉得虚伪而刻薄；“你必须”“听我的”等带有强制色彩的口头禅常挂嘴边，会让人觉得控制欲强，我行我素。

口头禅虽然是无意识地脱口而出，却容易引起别人的误解和反感，是很不礼貌的。

温馨提示

·平时说话应避免脏字、无意义的词语。

·说话要连贯、顺畅，不应使用过多的“嗯”“啊”等连缀词语。

·不要使用太多的关联词语，如“接下来”“然后”“那么”等。

开玩笑要注意内容是否适宜

别人头发掉了一半，你偏偏在对方面前讲嘲笑秃子的笑话，无疑是在影射对方；别人的衣服不小心被划破了，你偏偏经常拿这件事在众人面前开玩笑，无疑是在暴对方的丑；别人考试失利，正在愁闷中，你却当众宣讲书呆子的笑话，无疑是想让对方更郁闷。

虽然很多时候人们开玩笑都是无心的，却没注意到玩笑的内容触动了某些人或某个人的“心病”。被你无意中冒犯的人自然会对你心怀不满。

温馨提示

·不要以别人的生理缺陷为笑料。

·不要拿别人的隐私开玩笑。

·不要拿别人的伤心事和尴尬事开玩笑。

注视别人时目光要在一定的范围之内

注视别人时，不是对方的任何部位都能随便看的。

注视别人时，只将目光投射在对方眼睛以外的部位，从不与对方目光相触，是内心怯懦或心里有鬼的表现；对着别人周身上下扫描不停，是不信任对方的表现，还容易被对方认为你想打探他的隐私；专向别人的某个部位注视，则是骚扰的表现。

温馨提示

· 一般关系的交谈者之间应保持两米左右的距离。

· 交谈时，目光应放在对方胸部以上，双眉之间、双眼之间，嘴唇以上的部位。

· 不要居高临下地注视别人，不要斜视别人。

切忌不加掩饰地注视别人

不加掩饰地注视，就是死盯着别人看，是一种令人讨厌的行为。

不加掩饰地注视别人会让你看起来形态猥琐，有失仪态。不加掩饰地注视别人会给对方带来心理压力，不利于交往的顺利进行。不加掩饰地注视别人会让对方认为你别有用心，有恶意企图或阴暗心理，别人会不乐意和你接近并交谈。

温馨提示

· 看别人时，应该使自己的目光有所控制和收敛。

· 如果交谈者众多，不要只盯着一个人看。

· 不要注视别人身体的某些部位，如女性的胸部、男性的腰部。

与人交谈时不可用目光瞟人

与人交谈时用目光瞟人是一种很不好的行为习惯。

与陌生人交谈时用目光瞟人，有不信任对方、看不起对方之嫌；与异性交谈时用目光瞟人，有心怀不轨之嫌；与熟人交谈时用目光瞟人，有不耐烦、希望尽快结束谈话之嫌。与人交谈时用目光瞟人，还有不自信、心里有事、心里有鬼之嫌。

温馨提示

- 与别人交谈时，目光不要游移不定，也不要迅速回避别人的注视。
- 与人交谈时，目光应适时与别人对视。
- 不要把目光投向空中、地上或交谈对象的身后。

对他人的主动交谈要积极回应

当别人主动和你交谈时，无动于衷是不礼貌的。

别人主动与你交谈是一种积极友好的表现，在社交场合尤其如此。对他人的主动无动于衷，一种原因是你对主动交谈者不屑一顾，一种原因是你生性怯懦或多疑，不敢和陌生人交谈。无论什么原因，不回应别人的主动交谈都会使对方进退两难，遭遇尴尬。

温馨提示

- 对于别人善意的主动搭话一定要积极回应。
- 如果你不想和主动交谈者进一步交流，应礼貌地找理由离开。
- 遇到他人主动交谈，应礼貌地向对方问候、寒暄。

切忌询问对方“我刚刚说到哪里”

询问对方“我刚刚说到哪里”的人是很容易让别人失望和厌恶的。

问这句话的人多半是说话中途去做其他事情或想起其他事情，而后接着与别人交谈。自己说过什么、说到哪里都不记得，可见他记忆力之差。听他说话的人可能想：记不住自己说到哪里，是因为他根本就没用心和我对话，敷衍我而已；询问这句话还可能给听话者以这样的感觉：他在检验我是否用心听他讲话，他不信任我。

温馨提示

·与别人交谈时一定要认真聆听对方的讲话。

·对于自己不感兴趣的话题可以主动、自然地转换，但不应贸然打断。

·与别人交谈时自己的语言要有逻辑，组织要有条理。

说话声音要温和

说话声音刺耳也是不礼貌的。

说话声音刺耳的人会让别人觉得不够沉稳可靠。如果你批评别人时声音刺耳，就有讽刺之嫌，也会被对方误解为刻薄尖酸、得理不饶人；如果你向别人解释原因或为自己的过失进行辩解时声音刺耳，对方会认为你不服气、有狡辩和强词夺理的嫌疑。另外，说话声音刺耳还会使别人失去与你谈话的兴趣和耐心。

说话时，一定要注意自己的声音是否刺耳。

温馨提示

·说话时应注意音量和声调。

·说话时不要刻意提高声音。

·无论是批评别人还是向别人辩解自己，都要避免声嘶力竭。

切忌揭别人的伤疤

揭别人伤疤的行为不但错误，而且可恶。

揭别人的伤疤会让对方不得不面对已经淡忘的痛苦，同时忍受其他人异样的眼光。揭别人伤疤，在伤害对方的同时，也无异于提醒对你了解不太深的人：不要和你交往。揭别人伤疤的人会失去对方的信任，自然也不会赢得朋友。

闲谈、讨论也好，辩论也好，都不要专揭别人的伤疤。

温馨提示

·对于别人的隐私或不幸的、不光彩的经历都不要提。

·如果别人告诉你他的秘密，应当替对方保密。

·如果别人触犯了自己，不要用揭对方伤疤的做法进行报复。

在谈话中不宜纠正别人的错误

在谈话中纠正别人的错误很容易让对方下不来台。

首先，每个人的知识水平和分析能力、经验阅历都不一样，因此各自的观点以及对某人某事的认识也不尽相同。有些时候，有些问题根本不能用是非的标准进行评判。其次，也许有的人在某个常识性问题上的确错了，但他是其他领域的专家，纠正他的错误等于是否定他的能力和地位。此外，有些错误的记忆和认识在说话人看来是正确的，别人再纠正也不会动摇其固有的认知，反而会伤彼此的和气。

温馨提示

· 对非原则性口误、无关紧要的常识性错误，不要纠正。

· 当对方地位高、身份重要时，不应纠正对方的任何错误。

· 纠正别人的错误应该在私下场合，并使用委婉的语言和语气。

尊重他人的意见

质问他人意见的可靠性，其实就是否定他人的意见。

质问他人意见的可靠性，对权威性人物来说是挑衅和侮辱，对胜券在握而又急于表现自己的人来说是打击和贬低，对胆小谨慎而又顾虑重重的人来说是威胁和扼杀，对一些急性子的人来说是抬杠、吵架。质问他人做法是否妥当、想法是否正确、记忆是否准确，其效果是相同的，都不妥当。

温馨提示

· 与人谈话要认真聆听，不应随意质疑。

· 询问对方时态度要端正、尊重、认真。

· 向别人征求意见时应该信任对方。

切忌在谈话中扮演“祥林嫂”

无论是做办公室的“祥林嫂”，还是做日常生活中的“祥林嫂”，都会令人生厌。

偶尔说说烦心事，别人会耐心听你倾诉一番，并同情地为你出出主意，但是说多了就变成了无理取闹，是浪费别人的时间和感情。做

“祥林嫂”还会使整个谈话氛围变得压抑、紧张，影响别人的心情甚至降低工作效率。

温馨提示

· 不要总是向别人重复讲自己的伤心往事。

· 不要向别人讲述谈过很多遍的家庭琐事。

· 不要总是扮演倾诉者的角色。

聚会时不宜用方言与同乡交谈

聚会时用方言与同乡交谈是错误的做法。

聚会时用方言与同乡交谈，一方面会让人觉得你有小团体主义，另一方面让人觉得你是在哗众取宠，此外还让人觉得你利用方言谈论对别人不好的话。聚会时用方言与同乡交谈，让别人有受到排斥的感觉。在有的人看来，使用方言是降低自身的做法。

无论从沟通的角度还是从礼仪的角度而言，聚会时用方言与同乡交谈都是不妥当的。

温馨提示

· 聚会时应该使用通用的语言，如普通话或英语等等。

· 与同乡谈话时不应压低声音，神态诡异。

· 聚会时不应总是与同乡谈话。

与多人谈话时切忌当众叫朋友的小名

朋友的小名不是什么时候也不是当着任何人的面都能叫的。

如果朋友的小名无法登大雅之堂，如“狗子”“二秃”之类的字眼，当众叫其小名显然是哗众取宠，让朋友出丑。如果朋友的小名是他某位亲人专用的昵称，当众叫出必然是对他权利的侵犯，也等于向别人暴露朋友的“小秘密”。如果朋友根本就不希望别人知道他的小名，当众公布是对朋友的侮辱。如果你想向别人表示你和朋友关系亲密，用当众叫对方小名的方式会显得很“弱智”。

温馨提示

- 与多人谈话时，应考虑到彼此之间的关系和所处的场合。
- 无论朋友的小名是否动听，都不能当着别人的面随便叫。
- 想叫小名之前必须征得朋友的同意。

不要强行加入别人的讨论

强行加入别人的讨论，就像强行侵入别人的领地一样不但不礼貌，而且惹人讨厌。

未经允许加入别人的讨论，会打乱对方的思路，扰乱对方的心情，甚至迫使对方中断正在谈论的话题。如果别人正在谈不便公开的事情，强行加入别人的讨论就是打探对方的秘密。如果别人谈的是专业话题或工作内容，你不懂而强行加入，是无理取闹。

强行加入别人的讨论还是一种急于表现自己的浅薄行为，懂得自爱和尊重别人的人不应这样做。

温馨提示

·想加入别人的讨论应事先征得同意。

·应在对方讨论告一段落时再进行询问。

·询问对方时要恭敬、礼貌。

不可贸然加入异性的谈话圈

不要以为贸然加入异性谈话圈是活泼、善于交际的表现。

同性之间通常会有特定的话题，异性之间则不同。贸然加入异性的谈话圈，会给异性圈子交谈带来不便，对方又不好拒绝贸然入侵的异性，双方都难免尴尬。

温馨提示

·单独一个人时，不要加入异性的谈话圈。

·加入异性谈话圈时，应该先确定对方的话题是否属于大众性的。

·不要偷听异性谈话圈的话题。

交谈过程中离开前要打招呼

交谈期间无故离开是不礼貌的。

交谈时突然离开而不打招呼，会让别人误以为他们说了什么得罪你的话或做了其他不合适的举动，妨碍了你，也会让其他人误认为你不屑于参加他们的交谈。与长辈交谈过程中突然不打招呼就离开，是明显的不敬；即使面对晚辈和陌生人，毫无征兆地突然离开也是会让人感到莫名其妙的。

温馨提示

·交谈过程中需要离开时应向众人打招呼。

·交谈过程中不要突兀地终止话题。

·交谈过程中不要做跺脚、背手等暗示不耐烦的动作。

与人交谈时既要说也要倾听

只管说不管听的人是不受欢迎的。

只说不听的老师不能领会学生真正需要什么，只说不听的领导不能真正合理地领导员工，只说不听的员工永远无法受到他人的尊敬。只说不听，就不能知道别人对你话语的反应如何，也不能知道你说话的效果如何。回到礼仪上来，只说不听本就是不把其他人当回事、以自我为中心的表现。即使你说的话很有道理，也无法得到别人的尊敬。

温馨提示

·说话时应注意听者的反应。

·别人说话时应表示愿意聆听。

·谈话时应主动邀请别人表达看法和提出新的话题。

劝说他人要看时机

劝说他人不看时机，即使你的劝解能力再强，也难达到预期效果。

如果别人经过长期考虑后已经打定主意，并且下定决心，你上前劝说，对方一定置若罔闻；如果别人情绪高涨，完全听不进任何人的言语，你上前劝说，对方也许更加坚持自己的意见；如果对方周围有很多亲信支持他，你上前劝说，就是不给大多数人面子；如果别人事务缠身，你上前劝说，对方会因为无暇顾及而听不进去。

因此，劝说他人一定要看准时机才算礼貌。

温馨提示

- 应该选择在他人心平气和的时候进行劝说。
- 应该在单独相处的情况下进行劝说。
- 应该在别人有时间的时候进行劝说。

懂得适时保持沉默

别人都在专心听某人发言，你却在下面用大家都能听到的声音对某人作出评论，让人感觉你得了“人来疯”；别人正围在一起商讨解决方案，听到只言片语的你贸然开口，让人感觉你是“半瓶子水晃荡”；老师让大家在几分钟内认真思考，你偏偏转头和旁边的人说话，旁边的人会认为你打扰他的思路，老师会认为你目无师长，大家会认为你不遵守纪律。

温馨提示

- 交谈过程中应该懂得倾听和思考。
- 别人发表意见时应该专注地听。

·别人交谈时应保持礼貌的沉默。

尽量避免使用专业术语

每个行业都有其专业术语，但在非专业领域的场合，与对自己行业所知甚少的人交谈时，专业术语是不宜使用的。

内行人士在外行人士面前故意使用专业术语，使人觉得学究气浓，不易融入大众；不同行业的人士相互交谈时各自故意使用专业术语，有拒绝与对方交往和卖弄学问、抬杠赌气之嫌；经销商与客户商谈时故意使用专业术语，难免让对方有上当受骗的担心。

温馨提示

·谈话时应避免卖弄学识。

·谈话时遇到别人不懂的名词和术语，应该用通俗的、别人能够听明白的说法进行解释。

·谈话时不要故作高深、故弄玄虚。

批评别人时切忌有指桑骂槐之嫌

批评一个人，不该把矛头同时指向其他人。

无论是当面借批评甲来指责乙，还是背后如此，无论是针对个人还是集体，指桑骂槐都是令人厌恶的。如果你无意间给别人留下指桑骂槐的印象，误解你的可就不只是一个人了。明明是批评张三，李四却感觉你是在说他；明明是在说王五这件事做得不对，赵六却觉得你是在说他做的事不妥。结果是被批评的和感觉到被批评的人你都得罪了。

批评别人时让人觉得你在指桑骂槐，别人会认为你城府太深，从而不愿与你坦诚相交。

温馨提示

·说话时不要借题发挥。

·不要在别人面前提其他人犯过的类似的错误。

·批评某个人或某件事都要就事论事，不应牵扯其他人和事。

说话要注意场合

说话不注意场合的人，说明他不会说话，不懂得说话礼仪。

在别人的婚礼上评论“新娘个子太矮”，新人们以及其他宾客一定感到很扫兴；在别人的寿筵上询问主人顽疾是否治好，肯定会引起别人的批评；在葬礼上大开玩笑，别人一定会认为你故意捣乱。

说话不注意场合很容易使别人不快，引起别人心理上的不适和厌烦，甚至引起争执，导致自己与别人关系破裂。说话之前，一定要先想想“这样的场合应该说什么”。

温馨提示

·在不同的场合，说话应注意内容和要点。

·在不同的场合，说话的态度和方式应有所变化。

·不同的场合应该谈论不同的话题。

恭维别人不可露骨

刻意恭维别人，就是我们俗称的“溜须拍马”。每个人都希望得到别人的肯定，希望得到别人的夸奖。但“恭维”与“赞美”是完全不同的概念，其结果也会大不相同。刻意恭维人品正直的人，对方会觉得你人品低劣；刻意恭维自己需要的人，对方会对你产生警惕心；刻意恭维熟悉的人，对方会怀疑你做了什么亏心事。

刻意恭维别人显得虚伪、卑躬屈膝，会惹人讨厌，还不如简简单单地说话、实事求是地评价，或不评价。

温馨提示

- 对待别人应该一视同仁，不分贵贱高低。
- 待人接物态度应大方自如，避免点头哈腰和谨小慎微。
- 说话应实事求是，不过分地说“好话”。

对自己不懂的事情不随便发表意见

任意对任何事情发表意见，很容易说错话。

如果自己的经验只限于道听途说，为凑热闹而对自己不了解的事情发表意见，容易因为断章取义而“帮倒忙”；如果自己无权对某事指手画脚，随便发表意见就是越权行事；如果别人需要独自思索，自己任意对其发表意见，就是喧宾夺主；如果事实已成定论，自己不分青红皂白随便发表意见，就会显得很无知、很无聊。有时随便发表意见，还会有颠倒黑白的嫌疑。

任意对任何事情发表意见，只能暴露出你的莽撞和浅薄，并且让别人感到不受尊重。

温馨提示

·对于自己不了解的事情和不在自己责任范围之内的事情不要随便发表意见。

·不宜发表意见的事情不要发表意见。

·容易引起别人误解的问题不要发表意见。

切忌轻易许诺

想要许诺时一定要深思熟虑。

朋友让你帮他买东西或别人请你去某地旅游时顺便捎点东西给他，你不考虑自己是否方便就一口答应，结果根本就没有到卖相关物品的市场上去；别人请你托熟人介绍工作，你不考虑自己有没有熟人就义气用事地答应下来，结果你根本没有能力帮对方办事。如此许诺的结果必然是导致别人对你的失望和抱怨，更不要说信任了。

许诺事关人品和别人的信赖，千万不能随便应承。

温馨提示

·自己做不到的事情不要许诺。

·自己不想做的事情不要许诺。

·违法的事情、危害他人利益的事情不要许诺。

第三章

20 几岁要懂得的职场礼仪

进入面试场所时要敲门

进入面试场所时不敲门，不是礼貌之举。

是否懂得尊重人、是否懂得如何尊重人也是面试的重要考察内容。进入面试场所不敲门，首先就会给招聘方一个莽撞无知的印象。俗话说“先入为主”，不佳的印象自然会影响到对方对你的评价。进入面试场所不敲门，还会让对方认为你急于求成、不够沉稳和成熟。如果招聘者正在抓紧时间认真准备，而房门又紧闭着，不敲门就进入面试场所会让招聘方有受惊之感。

温馨提示

·进入面试场所时，如果房门敞开，应首先向室内的人点头致意。

·进入面试场所时，如果房门紧闭，应有节奏、有力度地在门上轻敲两三下。

·如果房门虚掩，也要在门上有节奏地轻敲两三下。

善于打破沉默

面试时不善于打破沉默对应聘者是不利的，也是不礼貌的。

有时因为面试官故意探试，有时因为面试官正在寻找合适的话题或词语，面试过程中出现短暂的沉默是很常见的。不懂得打破沉默，说明你不善于与人沟通，不善于寻找话题；说明你不会随机应变，不够灵活；说明你胆怯自卑，不善于思考。更重要的是，沉默对于面试官而言是尴尬的，会让双方感到别扭。

温馨提示

·在面试过程中，如果出现沉默，应尽快做出反应。

·在面试过程中，可以用询问考官招聘方的企业文化等问题来打破沉默。

·在面试过程中，可以用向考官补充介绍自己的个人情况或自己对招聘方的认识来打破沉默。

说话速度要适度

参加面试时，说话速度过快或过慢都不会给你的表现加分。

说话速度太快，容易给人以慌张失措之感。如果面试接近尾声，语速过快会显得你急于结束面试。在面试者看来，这是不耐烦和没有诚意的表现。说话速度太慢，容易给人以傲慢无礼之感。如果一直这样，面试官会觉得你不尊重对方，并故意摆出老成持重的样子，同样显得虚伪、没有诚意。更主要的是，说话语速过慢给人以思维能力差、反应能力差的印象，这显然对应聘成功不利。

温馨提示

·参加面试时，说话速度应以对方听起来不费力为宜。

·参加面试前，可以事先练习说话速度，请别人帮你体会速度是否合适。

· 面试过程中，可根据面试者的表情适当调整说话速度。

不对应聘单位妄加评论

不要对招聘单位妄加评论。

很多招聘单位会在面试中提出类似的问题：“你觉得我们单位如何？”“你可以从你所见所闻对我们单位提出建议吗？”别因为面试官表情殷切、态度和蔼、眼神中充满期待就认为这是你表现自己的大好时机，从而妄加评论。招聘方所有的问题都是本着尽可能全面地考察你的目的来设置的，他们想知道的是你的思维能力、应变能力和做事态度等，答案并不太重要。但是，如果你的答案太“个性”，就会犯错。对招聘单位妄加评论，说明你狂妄自大、自制力差、经不起诱惑，同时说明你忘记了最基本的礼仪——尊重。

温馨提示

· 评论招聘单位时，态度应诚恳而谦虚、谨慎。

· 对于自己不了解的地方不要妄加评论。

· 对于自己难以判断的、有争议的地方，不要妄加评论。

切忌批评和诋毁原单位

有些人可能觉得批评自己工作过的单位，更能表明自己对招聘方的忠诚和渴望，这是完全错误的。

批评原单位工作压力大、工资低，抱怨老板脾气不好，同事不好相处、素质低，批评原单位管理不善、效率低下……这都是不对的。

原单位对你进行过培养，给了你经验，招聘方更希望知道你从原单位学到了什么，而你此时离开原单位并诋毁它，那么你将来很可能再诋毁现在的单位。身为一名员工，不能对自己服务过的企业没有一点感谢之心，你的诋毁会让你的人品在面试官眼中“下滑”。

诋毁原单位就是诋毁你自己和所有的雇主，这是不礼貌的。

温馨提示

- 当表达自己对原单位的看法时，应从客观角度进行评价。
- 对原单位进行评价时，应从它对自己所产生的积极影响入手。
- 对原单位的不足之处，要进行客观而委婉的表述。

礼貌有始有终

有的应聘者顾头不顾尾，礼貌有始无终。这样做是不对的。

应聘时点头哈腰，一口一个“老师”，一口一个“先生”，面试结束后却判若两人，连招聘方的“再见”都不理会；进门时笑容满面，出门时却满面冰霜；礼貌恭敬地进门，却趾高气扬地出门。应聘者前后差距太大，会让人觉得表演意味太浓：之前的礼貌和热情都是装出来的。

温馨提示

- 面试整个过程中要讲究始终如一。
- 走出招聘场所时，不要得意忘形或神情沮丧，因为楼道里可能装有摄像头。
- 离开面试场所时，应对自己见到的所有工作人员礼貌问好。

在上司面前不可逞强

在上司面前逞强是愚蠢的行为。

在上司面前要小聪明、做手脚，宽厚的上司会不动声色，性急的上司则会立刻将你开除；在上司面前故作深沉、卖弄才学，会让对方觉得你不满自己的职位或待遇，意在取代其地位；在上司面前大量使用他不熟悉的名词，对方会觉得你有意为他设置障碍，有意让其尴尬。在上司面前逞强，对方还会认为你考虑事情和做事不周全，不懂得尊重领导，不懂得谦虚谨慎，非可塑之材。让上司感到不愉快，肯定是不礼貌的。

温馨提示

- 不要刻意与上司发生争执与冲突。
- 不要不经上司同意就自己做主决定某些事情。
- 不要对上司使用显示轻视、不信任和嘲笑的口吻。

女性不可假扮天真

与年长或职务较高的同事说话时嗲声嗲气；做事动不动就甩手、嘟嘴；工作没做好的时候装出一副无辜、委屈的模样；看到新发布的通知或决定时瞪大眼睛惊呼，做出惊讶、夸张的表情……女性如此这般地在职场上假扮天真，是不理智的。

女性假扮天真，第一，会给人以不符合年龄和工作场合的不适感；第二，会让人觉得你用这种方式推卸责任、投机取巧；第三，如果你做得太过分，容易被误解为纠缠和骚扰。

职场女性假扮天真，既不能表达自己对别人的敬意和重视，也不能表现自己的能干和可爱。

温馨提示

·任何年龄的职场女性都应避免装嫩、装纯。

·女性应避免刻意撒娇，尤其是不应在男性同事或领导面前如此。

·职场女性应在言行举止上及时修正自己的“天真”表现。

切忌越级请示领导

越级请示领导，在有些人看来是工作积极、办事及时、讲究高效且利于树立自身形象的行为，其实不是。

你做事前越过直接领导而请示高级领导，既会给高级领导增加工作量，又会使直接领导感到自己被忽视、被隐瞒。如果高级领导下查，难免给你的直接领导带来“失职”的麻烦。越级请示领导，别人会认为你和直接领导有个人恩怨，或者认为你有特别的目的。越级而打乱秩序和流程，本来就不合乎办公礼仪，再惹出一串不必要的麻烦，更是错上加错。

温馨提示

·平时应该与直接领导及时沟通，保持联系。

·与自己的直接领导沟通时要注意方法，要尊重对方。

·发生矛盾时，首先应该冷静思考后礼貌而委婉地与自己的直接领导沟通。

不可热衷于传播小道消息

小道消息是办公场所的暗流。如果热衷于传播此类消息，无论是对工作还是对你的个人形象，都极为不利。

单位要裁员了，某些部门要改组撤并了，某位领导正在被司法机关查处，某位同事家里出事了，某位女同事怀孕了，某位男同事有新女友了……这些小道消息，有的无关痛痒，有的纯属胡编乱造，有的则是人身诽谤。如果小道消息制造者的目的是伤害别人或搅乱大局，传播它们就等于是煽风点火。常常传播小道消息的人，会给人留下人品不好的印象，容易受到别人的鄙视和排挤。如果你传播小道消息而使别人身陷困境，还可能触犯法律。

温馨提示

· 不要打听小道消息。

· 不要讨论小道消息。

· 不要传播小道消息。

切忌在办公室谈论、评论别人的无能

在办公室谈论别人，评论别人如何无能，这么做永远都是不受人肯定的。

当面谈论甲工作中出现的种种错误，必定让他在同事面前抬不起头，觉得自己受到了鄙夷和排斥；私下谈论乙的种种失误，如果传到乙的耳朵里，他一定会自觉地远离你；参与你话题的人，必然会在内心里认为你“站着说话不腰疼”，只看到别人的不足。

在办公室讨论别人的无能，对你、对别人都没有半点益处，反而可能导致办公室风气不良、人心不齐。这个结果必定是办公室礼仪规范所不允许出现的。

温馨提示

· 如果某位同事的确能力上有所不足，应该礼貌而委婉地向其提出建议。

· 如果无法向业务水平欠缺的同事提供帮助，就不要对他进行议论。

· 不要当着同事的面对其进行谈论和评论，更不要背着他这样做。

切忌大肆批判公司制度

批判公司制度的人并不鲜见，如抱怨公司制度苛刻、没有人性、不公平、有漏洞，等等。

批判公司制度，首先是言行上对所在单位的不敬，当然也表露了内心的不满。只在与同事闲聊时批判，有蛊惑人心之嫌；只在受到批评时批判，有发泄私愤之嫌；只向不如自己的人批判，有变相自夸之嫌；只在背后批判，有造谣生事之嫌。

温馨提示

· 对公司的制度要严格执行。

· 如果对公司制度有意见，可以向相关部门提建议，但不应攻击。

·不要钻公司制度的漏洞。

与异性同事交往不可过密

办公室恋情多半没有好结果，“疑似办公室恋情”也是一样。

与同一办公室的异性同事交往过密，你会吸引其他同事的过多好奇而不友善的目光；与其他办公室的异性同事交往过密，别人会觉得你无心再在现在的办公室待下去；与异性上司交往过密，别人会认为你别有用心。无论与你关系密切的异性是什么身份，都对你的事业和生活不利，对良好、和谐的办公室社交不利。与异性同事交往过密的直接结果就是传出绯闻、影响名誉，别人还会因此而产生你不安心工作的错觉。

温馨提示

·上班时间不要频繁出入异性同事的办公室。

·不要向异性同事过多透露自己的私生活。

·不要向异性同事过多地打听对方的私人生活。

注意自己在异性面前的身体语言

不注意自己在异性面前的身体语言，往往会引来很糟糕的结果。

不经意地靠近异性同事，让对方能很近地感觉到你的呼吸，闻到你身上的气息；用暧昧的眼神瞟视异性同事；习惯性地用手轻拍异性的肩膀或手臂；男性在异性同事面前将裤子腰带松开再扎紧……许多的身体语言不经意中传达给别人暗示性的信息，从而很容易引发别人的言语挑逗或行为上的冒犯。不注意自己在异性面前的身体语言，会给所有的同事留下轻浮、散漫的印象，大家会认为你“不是工作的料”。不注意自己在异性面前的身体语言，容易干扰别人工作。如果迎接访客或外出访问时仍然如此，必定会令别人怀疑你所在单位的风气和业务水平。

温馨提示

· 女性在男性面前应避免梳理头发、长时间注视等动作。

· 男性在女性面前应避免解开衣扣、拍对方肩背的动作。

· 在异性面前，不要习惯性做出打打闹闹的动作。

接受任务时不可嘀嘀咕咕

接受任务时嘀嘀咕咕，看起来无关紧要，其实有违礼仪。

接受任务时嘀咕，“又让我做”“又做这种事情”“可恶”，恐怕这些话在员工口中是最常见的。嘀嘀咕咕，说明你心存不满，或者对自己能力有怀疑。嘀咕声音越含糊，别人就会越疑心，从而对你产生不安全感和不信任感。无论你如何看待自己的任务，不能礼貌地接受或者不能礼貌地提出异议都是违背礼仪原则的。

温馨提示

· 接受任务时如果有疑问，应该及时询问。

· 接受任务时如果有不满，应该克制。

· 如果对自己接受的任务有压力，应及时调整、缓解。

不可将重要任务一口回绝

上级将一项重要任务托付给你，你本可以承担，却一口回绝；同事临时有事，将一项重要任务转托给你，当然将功劳也一并给你，你完全有时间也有能力去做，却一口回绝；别人怀着很大希望请你完成一项重要任务，你确定自己做不了，就一口回绝。

一口回绝重要任务，容易让托付者失望，对彼此间关系的发展和对方对你的印象都没有好处；这样做容易让别人误认为你傲慢、懒惰或者害怕承担责任，以后即使再有类似的任务，对方也不会交给你。因为你伤了对方的信任，以及对方的“面子”。

温馨提示

·接到自己能够胜任的重要任务时不应推托。

·对于某些自己比他人更能很好应付的重要任务，可适当主动请缨。

·对于自己的确不能做的重要任务，回绝时应礼貌地说明原因。

要懂得适当求助别人

从不向别人求助，你是否觉得这样的人在单位里才有威信，才称得上是实力派？这样的员工不会给别人带来麻烦，就肯定是最受尊敬的员工？不一定。

职场新人不懂得在工作上适当求助“前辈”，有腼腆自卑或自大狂妄之嫌；普通员工不懂得在工作上或情绪低落时向同事求助，有“冷血”或“自作自受”之嫌；上级不懂得在工作上和日常小节上向下属或同事求助，有“不近人情”或“工作机器”之嫌。适当向别人求助，并非暴露自己弱点的表现，而是因为不如此就难以更有效地贴近别人，从而更好地理解别人、与别人建立良好的关系，以及更好地在工作上进行合作。

温馨提示

· 不要在自己做不好的事情上一味下蛮力。

· 当自己有困难时，应主动、及时地向同事或领导请教。

· 当自己的确没有别人做得好时，不要拒绝让同事插手。

不为流言所动

面对流言失态有损礼仪之美。

面对流言失态，别有用心的人会大肆宣扬你的反应，并为之兴奋；面对流言失态，不明真相的人会认为你是因为丑事暴露而感到难为情；面对流言失态，有失自己的尊严和形象。无论是愤怒、悲伤还是破口大骂，都会让你仪态尽失。面对流言失态，还可能误会善意的人们，造成他们的误解和失望。

温馨提示

· 面对流言时，不应慌张，更不应气急败坏。

· 澄清流言时，态度应庄重大方、不卑不亢。

· 面对流言时，要调整好心态，防止它影响工作和心情。

不在办公室里吃有刺激性味道的食物

在办公室里吃有刺激性气味的食物是令人感到头疼的做法。

办公室是工作的场所，空间有限，刺激性食物的气味很难短时间内消除，会停留在空气中，也会从吃过的人口腔中散发出来。在集体办公室里吃刺激性食物，会给大家带来不愉快；在独自使用的办公室里吃刺激性食物，如果有他人来访，会给对方带来不愉快。洋溢着刺激性食物怪味的办公室，会给人一种居家的错觉，不利于营造工作环境。如果恰好有人前来参观或检查，这样的办公室必定是不合格的。

为了营造一个良好的办公环境和做一个令他人感到愉悦的职场人，不要在办公室里吃刺激性食物。

温馨提示

- 不要在办公室吃葱、蒜等会引起口腔异味的食物。
- 不要在办公室吃海鲜等食物。
- 不要在办公室吃臭豆腐等食物。

对同事的零食应接受

拒绝同事的零食是不礼貌的。

礼仪规范要求我们，要为他人考虑，要懂得站在他人的角度想问题。拒绝同事的零食就是拒绝同事的热情和真诚；拒绝同事的零食，就是间接对同事健康和卫生状况的怀疑。如果对方是职场新人，遭到同事的拒绝会感到沮丧；如果对方是出于庆祝的目的，拒绝就是拒绝向对方表示祝福的暗示；如果对方是异性，拒绝零食是对其有防范心理的暗示。

温馨提示

·非工作时间，同事递给你零食时，应坦然接受。

·当同事向大家分发零食时，你应该礼貌地接受并表示感谢。

·如果你由于身体原因不能吃某些零食，拒绝同事时应说明原因并致歉和道谢。

分清工作关系与私交

工作关系是不能与私交混为一谈的。

因为自己和某人私交甚好，就请对方帮自己搪塞领导，以便出去办私事，这等于是给同事制造风险；因为自己与某人是大学同学，就处处让对方帮自己处理琐碎工作，这等于是给对方增添工作量；因为工作中同事与自己的合作出了差错，就在私下与其结仇，这等于是将工作上的失误转嫁到私人关系上。将工作关系与私交混为一谈，工作和私交都会受到不良影响；将工作与私交混为一谈，你的人品和工作能力及工作热情就会遭到质疑。

温馨提示

·不要将工作中自己和别人的失误归结到私交问题上。

·不要在工作时间找同事谈私事。

·不要利用私人关系在工作上干扰同事工作和决策。

谦虚有度

总是保持谦虚态度的人未必招人喜欢。

明明是众人中的佼佼者，却极力推说自己很无能，简直是在讥讽别人是白痴；别人请你谈成功经验，你却拼命说自己没什么好谈的，这是在变相拒绝，别人会认为你自私，不愿向他人传授经验；大家都知道你是某方面的“专家”，做事时你却不动声色地退后，这么做等于是有心看别人的笑话、袖手旁观。

总是保持谦虚的人会被认为很自负，过度的谦虚等于骄傲，太过谦虚让人觉得虚伪做作。该表现的时候却做出谦虚模样，这是不礼貌的做法。

温馨提示

- 当别人夸奖自己的时候，应礼貌地适当接受。
- 需要自己出面的时候，应该主动而得体地提出建议或提供帮助。
- 需要竞争的时候，自己应当仁不让地发挥能力。

不做事后诸葛亮

大家策划活动的时候不参与，等活动结束了，出现问题了，你却像个指挥家一样滔滔不绝地告诉大家哪里没有做好；别人开会时你不发言，等会议结束后，你却私下里不停地提意见，且头头是道；别人遇到困难时你不帮助，别人失败后你却大言不惭地指点对方应该向谁求助。这样的人是事后诸葛亮，令人讨厌。

做事后诸葛亮，你说得越有道理，你在别人眼里就越无情、越懒惰，别人会认为你故意等着看别人失策、失败的结果。做事后诸葛亮于事无补，反而让别人平添烦恼。

温馨提示

·即使别人做错了事，也不要在事后无休止地指责。

·如果你在别人做事的时候没有参与，就不要等他失败以后再向他提适合当时情况的建议。

·别人做事失误后，应根据他的情况进行安慰而不是冷嘲热讽。

和同事打成一片

不要在职场上做故作姿态、特立独行的人。

在工作中特立独行，只能向别人宣告你不善于社交、不得人心。在讲究团队协作精神的职场故作姿态只会耽误时间，给工作带来阻力。职场不是自我表现的最佳场所，也不是行为艺术的舞台。故意表现得与众不同，也许你是想让自己表现特别出众，但事实却适得其反。故作姿态、特立独行，在别人看来是自我推崇和对其他人的轻蔑，更谈不上礼貌。

温馨提示

·在工作中，应主动融入同事中间。

·自己有意见或有特殊才能时，应该在工作中正常表现。

·不要用不符合语境的话语说话，也不要做不适合工作场合的举动。

切忌表现出“怀才不遇”的样子

在职场上，处处表现得怀才不遇不会有很好的结果。

领导训话时做出怀才不遇的样子，对方会觉得你不服气、听不进去、挑衅领导；同事取得成绩时表现得怀才不遇，别人会认为你嫉妒那位同事，心胸狭窄；自己的意见或成绩未被承认时表现得怀才不遇，别人会认为你自寻烦恼，找借口为自己的无能开脱。表现得怀才不遇，说明你与同事交流不多，不知道如何调整自己的心态以及与同事们和领导的关系。

表现得怀才不遇还会让人觉得你孤僻、冷漠，既不利于工作顺利进行，也不利于让自己融入集体氛围。

温馨提示

·不要抱怨自己觉得琐碎或不起眼的工作，应慢慢积累经验。

·在职场上，应主动而热情诚恳地向其他同事学习，及时解决心理困惑。

·当自己得不到承认时，应先从自身找寻原因。

以友好的态度帮助新同事开展工作

不少职场新人初入工作环境，容易遭到一些老员工的利用和役使。如果你是一名老员工，千万不要这样做。

对新同事颐指气使，会给本来就是生手的新人增添工作任务和心理负担；发懒让新同事帮你做事，你的工作可能会完成得更慢；在新同事面前摆老资格的架子，显然会损害你在对方心目中的形象。在其他老同事眼中，你的做法也会令他们不齿。对新同事颐指气使是不尊重对方、侮辱对方、利用对方的表现，根本就不是懂礼貌的人应该做的。更何况，随着新同事的进步，你能确定他永远处于劣势吗？

温馨提示

·对待新同事态度要和气而礼貌。

·新同事不太适应工作环境时，应主动对其进行指点。

·自己能做的事不要利用新同事、指派给新同事。

尊重勤杂人员

不尊重勤杂人员的人难以得到别人真正的敬重。

刚刚还和悦、礼貌地和同事说话，见到勤杂人员就立即拉长脸，会显得见识狭窄、心机叵测。不尊重勤杂人员，说明你在意对方的身份和地位，说明你看不起身份、地位较低的人，看不起他的职业和工作。换句话说，你在别人看来善于见风使舵、欺软怕硬。不尊重勤杂人员，也说明你不懂得从人格上去尊重别人，不懂得尊重的真正含义。

温馨提示

·对所有的勤杂人员都要尊重、以平等心态对待。

·不要任意制造垃圾或损坏工具，以免给勤杂人员增添负担。

·当勤杂人员工作时，应主动为其提供方便、礼貌避让。

尽量不打扰工作中的同事

打扰工作中的同事是很不礼貌的做法。

同事正在计算数据，你却上前要求他帮你拿一件物品，对方必定会被你打乱思维，从而影响手上的工作。同事正在专心写一篇材料，初到单位的你却不停向他询问一些老员工众所周知的事项，对方必然难以集中精力顺利完成他的工作。同事必须在规定时间内完成工作任务，你却一定要就某个工作上的问题和他进行一番讨论，对方一定会觉得你无聊而且可恶。

温馨提示

·同事在专心工作时，不要让其帮你做事。

·借用物品时，不要找正在专心工作的同事。

·自己有不太重要的事情需要咨询时，不要打扰正在工作的同事。

不在背后议论领导

背后议论领导的做法是错误的。

背后议论领导的衣着打扮，是无聊的表现；背后议论领导的私人生活，尤其是感情生活，是心理阴暗的表现；背后议论领导的为人和做事态度及方法，是自己对领导不满的表现；背后议论领导的工作能力，是轻视领导、自视过高的表现。背后议论领导，容易导致议论内容的广为传播，影响人心，同时也给他人打小报告制造机会。背后议论领导，说明你对领导不信任。在别人看来，你对任何人都不会信任。因此这样做也不利于同事关系的良好发展。

温馨提示

·员工在单位应避免与任何同事背后议论领导，避免在任何情况下背后议论领导。

·身为下属，应该站在领导的角度想问题，尽力理解领导的所作所为。

·当自己对领导有所不满时，应以礼貌的方式进行适当沟通，而非在背后与别人议论。

进出领导办公室要注意细节

进出领导办公室时不注意细节，很容易因此而造成失误，引起别人的误解。

报告紧急事件时，敲门后不等应答就推门而入，如果领导正在接待重要客人，场面多少会有些尴尬。进入领导办公室后，不看领导脸色和忙碌程度，放下文件后就一言不发地站着等候指示，如果领导暂时无暇回应你，这样做是在为难领导。出门时大力关门，发出巨大的响声，等于是在向领导示威、发泄不满。

温馨提示

·进领导办公室之前，应先轻声敲门，并确定领导是否在。

·进入领导办公室后，如果领导正在接待客人或接打电话，不要多作停留。

·进门与出门时应当及时随手关门。

指正下属的错误宜在私下进行

当着他人的面指正下属的错误在很多人看来无可厚非，即使下属受到了警示，又在他人面前展示了自己身为上级的威严。但这样想是片面的。

当着外单位人的面指责下属，会给外单位的客人留下“这个单位的上级无能，下属当然也无能”的印象；当着本单位其他员工的面批评某个下属，被批者会觉得没有尊严，旁观者会担心自己也受到这样的“待遇”；当着他人的面指正下属的错误，给人以好为人师和爱出风头的印象。

无论下属错大错小，当着他人的面指正下属都是在向别人展示下属的狼狈，显然称不上礼貌。上级这样做对下属是不尊重的，同时对自己的形象塑造也没有好处。

温馨提示

·应避免当众批评下属，甚至对其失误进行中伤。

·当下属犯错时，应尽量与之单独交谈，通过详细沟通解决问题。

·发生当众指责下属的情况后，应酌情私下里向下属道歉。

不打小报告

打小报告的员工不仅会受到其他同事的厌恶，也会遭到上级的不齿。

打小报告必然得时刻注意其他人的行踪和言行举止，自己的工作必然无法很好地完成。打小报告是分散人心的做法，如果同事知道你的所作所为，必定不会愿意再与你合作。如果你的上司生性正直，打小报告会让他怀疑你的人品和动机，你因此而受到上级的批评和驱逐也是“罪有应得”。相信同事、坦诚对待同事是办公室礼仪的重要准则，打小报告的做法完全是对这一准则的破坏。

温馨提示

- 不要在背后向领导报告其他同事的不当行为。
- 不要做其他同事行踪和具体工作情况的监视者。
- 不要专门针对自己不喜欢、看不惯的同事打小报告。

不越级报告

越级报告的做法通常都是不明智的。

领导有级别之分，通常各司其职、分工合作。越级报告首先是剥夺了级别较低的领导掌握事件情况和决断的权力；其次，越级报告给高级领导增添了工作负担，使其受到了不必要的打扰；第三，越级报告给人留下一种自视清高、看不起级别较低的领导、故意对其隐瞒工作情况、挑衅对方的印象；最后，越级报告破坏了一般情况下的工作制度和流程，有不遵守纪律或不熟悉工作环节的嫌疑。越级报告看似重视工作效率、做事果断，其实不一定能提高工作效率和工作质量。越级报告还容易引起各层领导之间的误解，延误工作进程，因此是不合礼仪的做法。

温馨提示

· 一般的小事情不应越过相关领导向更高一级领导报告。

· 只有在情况紧急且相关领导不在时，才能越过相关领导直接向上级报告。

· 有必要越级报告时，应在事后向被越过的领导进行说明。

不可替领导做主

有陌生人拜访领导，身为秘书的你，不问领导是否愿意、不考虑是否合适就让其进入领导办公室，当时不希望有任何人打扰的领导一定会觉得你不知道秘书的职责所在。领导外出办事，要求你记录每天的工作情况并向其汇报进展情形，你自作主张地忽略你认为不重要的地方，领导一定会觉得你玩忽职守。

替领导做主，一方面会让领导错过重要信息或重要人物，给领导徒增无谓的负担，另一方面会给他人留下不负责任、滥用职权的印象。最主要的是，盲目替领导做主是无视领导权威、轻视领导能力、误解领导意图的做法，是对对方的不尊重。

温馨提示

· 不要在需要领导决断的事情上随便替领导做主。

· 只有领导明确指示你可以自作主张时才可以替领导做主。

· 替领导做主时，应保证从全局利益出发，从领导的立场上出发。

要注意当众维护上司的权威

身为下属，不注意当众维护上司的权威是错误的。

在公众面前，当领导仪表上出现瑕疵如鞋底上沾了显眼的纸片时，你不是委婉而不动声色地提醒，而是露出嘲笑的表情；陪同领导外出访问，领导在台上发言时，你不是仔细聆听而是昏昏欲睡。诸如此类的表现，都是对上司权威的亵渎。

不注意当众维护领导的权威，就是不重视你所在单位的形象，不重视你身为下属的职责，也是对自己形象的不负责任。

温馨提示

- 不要当众指出领导的失误之处。
- 领导在公共场合失误时，应及时而礼貌地为其适当掩饰。
- 当有人对领导表示不敬时，应主动上前制止。

给上司送礼物要把握好轻重

冒昧给上司送昂贵礼物，不仅不会起到你想要的效果，反而会弄巧成拙，损害你在上司眼中的形象。

如果在单位领导换届选举之前送昂贵礼物给上司，必然会被认为是行贿；在自己工作出现重大失误时冒昧送昂贵礼物给上司，对方一定会认为你目的在于暗示上司对你“网开一面”；冒昧给不喜欢下属送礼的上司送昂贵礼物，你无疑是在触动他的怒火。俗话说“无功不受禄”，冒昧送礼给上司本已经让人感到莫名其妙，送昂贵礼物给上司更是令人匪夷所思。

温馨提示

·不要冒昧送贵重金属如金银、钻石等昂贵礼物给上司。

·不要送超出你生活水平承受范围的昂贵礼物给上司。

·不要在没有足够理由的情况下送昂贵礼物给上司。

对上司要敢于提出意见

在任何单位供职，身为集体的一员都不应该对上司唯唯诺诺，该提意见的时候一声不吭。

唯唯诺诺是一种自卑、畏惧的表现，别人会认为你胆小怕事、办事犹豫、拖泥带水。设想一下，当别人像耗子见了猫一样战战兢兢地对待你，你是否会觉得别扭甚至生气呢？同样道理，上司面对这种态度时，当然也会感到浑身不自在。唯唯诺诺地对待上司，对方会觉得你没有主见，甚至没有独立工作的能力。

温馨提示

·与上司相处时，不应表现得过于拘谨。

·上司向自己征求意见时，不应支支吾吾、闪烁其词。

·上司与自己交谈时，不应沉默不语。

在下级面前要以身作则

不能以身作则的领导是不合格的领导，也是不受欢迎和尊重的领导。

身为上级，行为举止乖张做作，穿衣打扮毫无领导做派，这会严重影响单位形象；身为上级，说话缺乏逻辑，做事拖拖拉拉、丢三落四，会严重影响他在员工心目中的形象和地位；身为上级，业务能力差、对待客户不认真、随便推卸责任，这会严重影响单位的风气和自身的威信；身为上级，言而无信、不能严格要求自己，这会严重影响单位的未来。

在下级面前不能以身作则，不仅是礼仪上的失误，更是对单位整个集体的不负责。

温馨提示

· 身为上级应该在仪表、行为举止上给下属作出表率。

· 身为上级应该在下级面前在工作态度上作出榜样。

· 身为上级应该在自身素养、工作能力上作出表率。

不可私自将单位的资料带回家

私自将单位的各种资料带出，无论什么原因，这种行为都是错误的。

私自将单位的资料带回家，容易使资料暂时缺失而给其他需要使用的人带来不便，甚至耽误工作、造成损失。如果你身为资料保管人员而私自将资料带出单位，这是失职和欺瞒行为。如果你私自将资料带出单位而造成丢失、损坏、泄密等意外情况，这是对单位信息安全的不负责任，严重的有可能遭到单位的行政处分，甚至被追究刑事责任。

温馨提示

- 应避免将保密的书籍、文件、光盘等各种资料带出单位。
- 需要将资料带出单位时，应按相应规定登记上报。
- 将单位资料带出后，不应私自拍照、复印、抄写等。
- 带出资料后应妥善保管并进行备份，防止丢失。

不可让电话铃声响得时间过长

让电话铃声响得时间过长是不负责任的表现。

夫妻、恋人、朋友来电话时让电话铃一直响，对方会认为你不在乎他；窗口单位的电话铃声响得时间过长，来电者会认为你所在的单位名不副实；关系一般的人来电话，让电话一直响，对方会认为你对他不屑一顾；闹过矛盾的人来电话，让电话铃声响得时间过长，对方会认为你小心眼；如果对方是向你提供机会的招聘者、招商者，电话迟迟接不通会让对方失去耐心和好感。

温馨提示

- 接电话时，不应让铃响超过 3 声。
- 电话铃响一声时不宜接。
- 接电话应在第 2 声响过、第 3 声尚未响起时接。

接通电话后要问对方是否方便

接通电话后不问对方是否方便就自顾讲话，必然会造成“不方便”。

张三正在开会，你接通电话后不问对方是否方便就开始聊天，对方即使想回应你，也无法应答自如；王五正在上课，你接通电话后不问对方是否方便，对方就会耽误学生的时间，造成“教学事故”；对方是个正在准备为病人做手术的医生，你接通电话后不问是否方便，对方就容易分心，影响工作状态；对方正在接待客人，你不问对方是否方便，对方就不能很好地待客。

别人接你的电话表示他尊重你，但你接通电话后不问对方是否方便，就是对别人的不敬。打电话应该懂得为对方着想，这样于人于己才都方便。

温馨提示

·接通电话后首先应该问对方是否方便接听。

·接通电话后如果感觉对方说话不便，应主动表示理解。

·如果对方不便接听，应另约时间通话，及时向对方说“再见”。

错过电话后要及时回拨

错过电话不及时回拨，错过重要信息的同时往往也错过了对方的热情和坦诚，甚至错过机会。

新闻记者错过电话，也许会错过重要线索；医生错过电话，也许会延误病人的病情；演员错过电话，也许会错过重要角色。在工作岗位上错过电话，就是失职；在私人交往中错过电话，就是逃避。错过电话而不及时回拨，一定就会错过更多信息。

温馨提示

- 别人打电话没有找到自己，得知消息后一定要回拨给对方。
- 如果别人传达给自己速回电话的消息，一定要按时回电。
- 如果不能及时回电给对方，一定要在回电时首先向对方道歉。

不可贸然替别人接电话

贸然替别人接电话不会被人认为是“热心肠”，反倒会给对方添乱。

甲约好在几点等恋人的电话，你贸然替甲接电话，来电者会认为甲故意不接电话，同时会怀疑你刺探隐私。如果你是甲的异性朋友，来电者可能会因为你接电话而产生误会、与甲吵翻。如果来电者谈的是工作上的问题，你贸然替别人接电话，非但解决不了问题，还可能让来电者认为电话主人不负责任。如果来电者的电话内容涉及机密，电话主人更会因为你的贸然代接而苦不堪言。

温馨提示

- 如果自己和电话主人关系一般，不要贸然替对方接电话。
- 未经电话主人首肯，不要贸然替对方接电话。
- 如果电话响个不停，应该征求电话主人的意见。

通话中要注意说话方式

通话时不注意说话方式，很容易影响通话效果。

与领导通话时大大咧咧，就算你电话里的内容很重要、很关键，也无法改变你留给领导“办事不牢靠”的印象；和急性子的人通话时吞吞吐吐，对方耐心听完你啰唆后，必定已经火冒三丈，因为你已经给对方留下了效率低下的印象；和异性下属通话时不停地开玩笑，对方听你说话的同时，一定在心里悄悄打鼓，因为你已经给对方留下了轻浮的印象。通过电话告诉别人不幸消息时劈头就说，对方一定会被突如其来的打击搞得精神压抑。

温馨提示

·通话时要考虑对方的身份和说话习惯。

·通话时要考虑对方的年龄和性别。

·通话时要考虑自己和对方的关系以及通话目的。

通话中要注意控制音量

通话中不注意控制音量的做法是行不通的。

在集体办公室里接打电话时音量过大，会影响同事们工作，也让对方听起来觉得“聒噪”；在较为安静的场所接打电话时声音过大，会被周围的人视为“怪物”，有扰民之嫌；谈论私密话题时声音过大，会让周围的人感到尴尬，对自己的形象不利，对保护自己的隐私不利。同样道理，通话时声音太小，对方与你沟通就会困难，并怀疑你“心虚”、说假话。

温馨提示

·通话过程中音量应以对方能听清楚而不至于吵到周围的人为宜。

·通话过程中不要突然放大音量，也不要突然压低声音。

·通话时应注意自己的嘴与话筒的距离。

接电话的一方不宜提出中止通话的要求

接电话时主动提出终止通话是不对的。

如果对方是长辈或上级，接电话的一方主动要求终止通话，会给对方以不受尊重的感觉；如果对方是晚辈或下属，接电话者提出中断通话，对方会有受挫感。如果对方尚未说完想说的话，主动提出中断通话会让对方觉得犹如骨鲠在喉。

温馨提示

·接听电话时一定要仔细听对方讲话并听对方讲完。

·接电话时应及时对对方做出回应。

·如果对方说话啰唆或无聊，可以以适当的理由礼貌地提醒对方“时间不短了”。

不可突然挂电话

突然挂电话会让人丈二和尚摸不着头脑，莫名其妙之余感到生气。

别人找你倾诉苦恼，你突然挂断电话，对方会认为你厌烦而更为苦恼；下属找你汇报工作，你突然挂断电话，对方会认为你不满意而心存疑虑；别人向你咨询问题，你突然挂断电话，对方会认为你没有耐心或能力欠缺而失望。突然挂断电话让人觉得突兀而无法适应，对方会认为你使性子、乖戾而不通人情。

即使自己有再紧急的事情也不应该突然挂断电话。

温馨提示

· 如果因为线路问题导致电话突然断掉，应该及时向对方道歉。

· 挂电话前应该保证和对方沟通完毕并且已经说“再见”。

· 挂电话时要注意动作幅度，不要让对方觉得太突然。

参观展会时要注意自己的公众形象

作为参观者参加展会时，如果觉得自己只代表自己，无须注意形象，那就大错特错了。

参观展会时旁若无人地与同伴喧哗，会影响他人的参观；参观展会时不注意避让，会妨碍他人的行动；参观展会时随处丢垃圾，会破坏展会场所的整洁，并给工作人员增添负担。如果在展会上随便把玩展品，却又不轻拿轻放、不放到原位，容易破坏展品，影响展位的宣传效果。

温馨提示

· 参观展会时，不要对展位和展品以及其他观众指指点点。

· 参观展会时不要歪斜着走路。

· 参观展会时不要长时间抓摸展品。

参加展览会时不可哄抢展品

参观展会后，千万不要因为想要留一点“纪念”，或受到别人的怂恿、感染，就哄抢展品。

如果是外地厂商来本地做展览会，参观者参展后哄抢各展位的展品，本地政府和大众都会给被哄抢的厂商留下不良印象。哄抢展品，这是一种占便宜、抱有投机和侥幸心理的表现，是道德品质低下、自制力差的表现。如果你和别人结伴而行，唯独你这样做了，你的同伴必然会为你感到不齿。

温馨提示

- 参加展会时应遵守场内秩序。
- 展会结束后，不应抱着占便宜的心态哄抢纪念品。
- 参展单位发放纪念品时，应按照一定次序领取或接受。

不要坐在嘉宾席上嚼口香糖

有人说嚼口香糖可以消除紧张心理，让表情更自然、更放松，多嚼有好处。这话虽然有一点道理，但如果你身为嘉宾出席各种仪式、典礼等活动，在嘉宾席上嚼口香糖是不对的。

在嘉宾席上嚼口香糖，一方面会让人觉得嘉宾对活动举办者“有意见”，一方面会让人觉得嘉宾不端庄、不稳重，对普通参加者不尊重。在嘉宾席上嚼口香糖，会显得过于自我。而且，嚼着口香糖说话也容易影响发言效果。

温馨提示

·作为嘉宾出席某些活动时，在公众面前应时刻注意自己的形象。

·在嘉宾席上就座时，口中不能咀嚼任何食物。

·在嘉宾席上就座时，应保持良好的精神状态和自然得体的表情。

别人发言时不可小声嘀咕

别人在台上发表对某个问题的看法，你在台下一边小声嘟囔一边做出古怪表情；别人在台上公布获奖名单，你在台下不停与旁边的人嘀咕；别人在做分析报告，你在台下向前后左右讲八卦新闻。这样做不礼貌。

别人发言时小声嘀咕，首先有对发言者表示不满和抗议、诽谤之嫌；其次是容易影响会场秩序，甚至带动其他人嘀咕；再次，会影响你的公众形象。不该说话的时候说话，并且是小声嘀咕，容易令人产生疑心和反感。

温馨提示

·别人发言时自己应该安静而专注地聆听。

·别人发言时不要小声评论发言者。

·别人发言时不要小声讲与会议无关的事情。

参加社交聚会时不可原地不动

参加社交聚会时，别人都在积极、热情地与别人交谈，结识新朋友，你却独自待在角落里不言不语；在社交聚会上，你虽然也与别人交谈，却自始至终不动地方。这种表现是不受欢迎的。

参加社交聚会时原地不动，别人会想：这人不是心高气傲、不愿与别人交往，就是没出过家门、不知道怎么与别人打交道。并且，你这样做还会让你成为社交聚会上负面的焦点，无疑是给自己贴上了“不擅交际”的标签。

温馨提示

- 参加社交聚会时应主动四处走动并与别人交谈。
- 参加社交聚会时应热情、礼貌地对待别人。
- 在社交聚会上应避免独自表现得郁郁寡欢。

切忌在社交聚会上扎堆

在社交聚会上看到哪里人多就往哪里钻，或者专门聚集好多人在一起扎堆。这种做法不可取。

在社交聚会上扎堆，给人的感觉像是街头巷尾的闲人议论别人的是非，容易引起他人误解，也令你显得好事、缺乏修养。此外，这样做给人以此次社交聚会格调不高的印象，大家因此而难免降低彼此交流的热情。

温馨提示

·参加社交聚会时，不要专向人多的地方凑。

·参加社交聚会时，应避免几个熟人在一起长时间热烈交谈。

·在社交聚会上，可以变换交谈对象，并将人数控制在三四个以内。

商务谈话时不可常作补充、质疑

商务谈话中不要时常作补充或质疑。

如果针对商务谈话中对方说出的观点或意见，你总是“很及时”地进行补充，对方会认为你轻视对方而热衷于炫耀自己。你的合作伙伴刚刚提出一点建议，你就表示出怀疑，追问对方可靠性和可行性，对方会认为你怀疑他的经验和为人，也可能会认为你故作姿态，或者认为你根本就是无知、胆小、没见过世面。

商务谈话中时常作补充或质疑，一方面会引起双方交流的不畅，另一方面会影响双方对彼此的印象，此外还会拖延时间、降低效率。

温馨提示

·商务谈话中最好不对对方的话作补充。

·商务谈话中不要怀疑对方所说的话。

·商务谈话中要本着平等、开放的心态进行交流。

做业务介绍时切忌诋毁竞争对手

做业务介绍时，诋毁竞争对手是不会有好结果的。

向客户推荐甲公司的产品时把乙公司贬得一文不值，但恰恰客户就是乙公司的忠实用户，你的做法只能让客户对你产生严重的不信任；在专柜向顾客介绍某品牌化妆品时大肆批判其他品牌，但被批判的品牌就在你所在专柜的旁边，难保对方的负责人不会过来与你争辩。做业务介绍时贬低竞争对手，你会给对方留下恶意竞争的印象；此外，这样做容易使人产生“王婆卖瓜，自卖自夸”的怀疑。贬低竞争对手，更多的时候起到的是相反的作用。诋毁了对手却又难以为自己取得口碑，这样的做法无论如何也称不上聪明。

温馨提示

- 做业务介绍时应避免对竞争对手进行恶意贬低。
- 做业务介绍时应避免对自己的业务过分吹捧。
- 做业务介绍时应避免不顾对方的感受紧追不舍。

行进中的位次要有讲究

陪同来宾走平地、上楼梯等等，与来宾一起行进时，位次的问题不能忽略不计。

几个接待人员与一位来宾并排行走时把对方挤在外侧；一个接待人员陪同一位来宾时将其甩在自己身后；一个接待人员陪同几位来宾时，不懂得根据来宾的身份、地位以及他们彼此间的关系进行位次排列……这些都是不讲究行进位次的表现。

行进中的位次不讲究，容易让来宾误解，同时暴露出接待方准备不充分、不注意细节的弊病。如果是商务性考察，对方会怀疑接待方乃至当地人们的素质。

温馨提示

· 与来宾并排行进时，应请对方走在中间或道路内侧；与来宾单行行进时，通常应请客人走在前方。

· 上下楼梯时应采用单行行进的方式，请客人走在前面。如果客人是身穿短裙的女性，应走在客人前面。

· 来宾不止一个时，应根据他们的身份、年龄进行排序。

避免挡住电梯按钮

乘电梯时挡住电梯按钮是不礼貌的行为。

乘有人驾驶的电梯时挡住电梯按钮，操作人员就无法方便地控制电梯按钮，这样做是干扰对方工作；与陌生人同乘电梯时挡住按钮，别人就无法及时控制电梯，或者无法看清已经到达的楼层数，因而易耽误其顺利到达目的楼层。

温馨提示

· 需要按电梯按钮而又距离太远时，应礼貌地请靠近按钮的人帮忙。

· 当自己靠近电梯按钮时，应主动帮助他人控制电梯。

· 无论电梯是否有人驾驶，都不要挡住电梯按钮。

乘电梯时应保持安静

乘电梯时不应该喋喋不休地说话。

电梯的空间本来就狭小，在电梯里说话，难免会将唾沫星子溅到别人脸上，将自己口腔中的不洁气息传到别人鼻子里。当别人受到你的干扰时，心情一定是烦乱的。乘电梯时说话，还会使其他人深受聒噪之害。乘电梯时与恋人大讲情话，别人就会觉得尴尬；在电梯里与同事谈论办公室八卦，说不定会无意间泄漏单位机密；在电梯里与别人谈论私人感情，别人会向你们投来诧异和鄙视的目光。

温馨提示

·乘电梯时不要与身边的人贴得太近。

·乘电梯时不要与同伴谈论隐私以及单位情况。

·乘电梯时不要与陌生人搭讪。

不可并排站扶梯

乘坐商场、地铁中的扶梯时，多人并排站立是错误的。

地铁的扶梯中间一般会有黄色警戒线，左侧是急行通道，专为有急事的人准备。如果多人并排站立在扶梯上，就会挡住他人的路。并排站在扶梯上，给人一种霸道、不讲理的印象。如果你和同伴是单位的代表，更会令单位的形象受到损害。给他人带来不便，理所当然是不礼貌的。

温馨提示

·乘坐扶梯时应站在右侧。如果电梯上有黄线，一定不要越过黄线站到左侧。

·乘坐扶梯时不要在扶梯上奔跑。

·乘坐扶梯时不要说笑、打闹。

轿车上要讲究座次排序

我们乘坐轿车的机会很多，但你是否注意过轿车座次的排序呢？如果没有，你就要立刻补课了。

单独坐朋友的私家车时坐后排，给朋友的感觉是你把他当作出租车司机；与别人结伴乘坐出租车时让别人坐副驾驶座，等于是向别人说你比对方地位高；陪领导乘接待单位的轿车时自己坐到司机背后的座位，这是在礼节上抢领导的威风。

轿车上不讲座次，容易引起他人误解，尤其是引起身份、地位较高者的误解，甚至导致工作无法顺利进行、交往难以顺利发展。

温馨提示

·轿车由主人驾驶或为吉普车时，副驾驶座最尊贵，前排为上。而轿车由专职司机驾驶时，副驾驶座最次，后排为上。

·轿车由主人驾驶时，通常副驾驶座上不应空着。

·轿车座次通常是以右为尊。

切忌在轿车上指出贵宾坐错了位置

陪同贵宾一起乘坐轿车时，你不要自作聪明地告诉坐在“下座”上的贵宾说：“您坐错了，那个座位才是您的。”对方绝对不会感激你的。

指出贵宾坐错了位置，一方面是对对方自由选择座位的权利的干扰，是对对方尊严的损害；另一方面暴露了你的自以为是，这样做其实是画蛇添足。指出贵宾坐错了位置，等于是向对方以及其他人说贵宾连乘车的常识都不懂。

温馨提示

·乘坐轿车时，通常贵宾坐在哪里，哪里就是上座。

·乘坐轿车时，应将贵宾让到上座，但更应尊重贵宾的自由选择。

·贵宾坐错位置后，其他人可随便坐，也可按照身份高低依次就座。

上下轿车要讲谦让

乘坐轿车时，上下车的礼仪是不能忽视的，否则就是对客人的不敬。

你上车时自己先上，下车时不管自己坐在哪边，都抢着先下车。如果你身份地位高，别人会觉得你仗势欺人；如果你身份地位一般，别人会认为你妄自尊大。如果你坐在左侧，车又停在闹市，下车时猛然开门，则容易撞上经过的行人。

上下轿车举止随便，既容易造成误解和不便，又不利于你的形象，不利于和别人的交往。

温馨提示

·若乘坐由司机驾驶的轿车，前排乘客应后上先下。

·与别人同排乘坐司机驾驶的轿车时，应后上先下，以便替长辈、贵宾、女士拉开右侧上座的车门。

·若轿车由自己亲自驾驶，一般应后上先下，以便照顾客人。

送客时要等客人的车离开后再返回

送初次见面的客人时，不等对方的车离开就返回，对方会认为你无心与其交往；送贵客时，不等对方的车离开自己家或单位门口就返回，对方会认为你不把他放在眼里；送久别重逢的朋友时，不等对方驶离你就返回，对方会觉得自己受到了冷落和敷衍。

送客时急不可待地返回，说明你厌烦客人，不愿招待对方。中国人自古以来送客都讲究依依惜别，迫不及待地返回，无疑会让你的礼貌和真诚打折。

温馨提示

- 送客时，应跟随客人的车走一段距离，以示惜别。
- 送客时，应目送客人乘坐的车远去。
- 送客时，应待客人的车离开自己的视线后再返回。

坐车时切忌不断问询司机

坐车时不断与司机搭话是不礼貌的。

驾驶是需要高度集中精神的活动，稍有疏忽就容易发生意外。乘坐私家车时不停地与司机说话，会使对方心烦意乱，影响心情；坐公用车时不停打扰司机，如果司机因此而放低车速，会引起其他乘客的公愤，他们会埋怨你违反交通秩序。坐车时不停与司机搭话，会让他分心，容易使对方认为你在打发时间，并会妨碍对方正常工作，因此而引起事故也说不定。

温馨提示

·乘车时，应避免在行驶过程中引逗司机谈话。

·乘车时，不要在路况较差的时候与司机说话。

·乘车时，不要大声与旁边的人谈笑，以免影响司机情绪。

陪同客人乘电梯应先入后出

陪同客人乘电梯时，不能后入先出。

陪同客人乘电梯时，让客人先进等于是让客人领路，如果电梯无人控制，客人还要负责按电梯按钮；陪同客人乘电梯时，先于客人走出等于是把自己摆在尊贵的位置，将客人放在“小跟班”的地位。陪同客人而不能令对方感受到周到的服务，甚至连起码的正确服务都得不到，显然与接待人员应有的职业素养相违背，与正规的服务礼仪标准相违背。

温馨提示

·陪同客人乘坐升降式电梯时，应先入后出。

·陪同客人乘坐商场中的扶梯时，应站在客人身后，站在电梯右侧。

·进入电梯后，应为后来者控制电梯门，待客人全部进入后再关门。

陪同上司出行要注意自己的身份

陪同上司出访，见到接待方时有意无意地走在上司前面，以至于对方误以为你是上司而殷勤与你握手，上司必定会给你脸色看；陪同上司视察时，不顾自己的角色滔滔不绝地讲话，上司一定会觉得你是个“话痨”；陪同上司出行乘坐轿车时，上司还未上车，你就抢先开了上座旁边的车门坐进去，上司一定会觉得你不知道自己是谁。

陪同上司出行时不注意自己的身份，既是无视上司存在的表现，也是给自己单位丢脸，还将自己置身于难堪境地。

温馨提示

· 陪同上司出行时说话不要抢先。

· 陪上司出行时应主动为上司开关车门、房门、电梯门等。

· 陪上司出行时应注意察言观色，按照上司指示行事。

与外宾交谈不可涉及敏感话题

与外宾交谈时涉及敏感话题，容易引起对方的误解，导致交往失败。

如果两国邦交正处于紧张状况，你与外国友人对话时开口就问对方对双方国家的看法，对方一定会认为你对他有成见；如果你面对的外宾是位年轻女性，你询问对方是否恋爱、是否结婚、是否有孩子，对方一定会因为你干涉她的隐私而生气；如果你所接待的外宾是一位黑人，你无意间提起黑人在国际社会中的地位，对方一定会觉得你歧视黑人而不愿继续与你交谈。

与外宾交谈时涉及敏感话题，无论是否有意为之，都会被对方视为无礼。

温馨提示

·与外宾交谈时，不要涉及敏感的政治话题。

·与外宾交谈时，不要涉及对方收入、年龄、住所等问题。

·与外宾交谈时，不要涉及宗教信仰、种族区别等社会性、文化类问题。

在办公室着装不可太随便

办公室可不是想穿什么就能穿什么的场合。

穿着超短裙和露脐吊带衫的女秘书，无法让人相信她有良好的作风和工作能力；穿着无袖上衣的女教师，无法成为为人师表的模范；穿着休闲装参加谈判的老总，难以让对方相信他的实力和诚意；穿着皱巴巴衬衫的男性员工，很容易被认为是“小混混”。办公室里着装随便，会给他人以低劣的视觉印象。在办公室乱穿衣的人，无法传达出对别人的敬意。

温馨提示

·办公室里不要穿太休闲的服装。

·办公室里不要穿太短小、暴露的服装。

·办公室里不要穿太透明的服装。

递送尖状物时尖端应朝向自己

递送尖状物时不应该让尖端朝向对方。

当别人递给你锥子的时候，把锥尖朝向你，尽管是你要求对方递送，对方也热情而态度礼貌，但这种方式多少会让你心里害怕与烦躁的感觉交织在一起。递送剪刀、水果刀等工具，尖端朝向别人会给对方以威胁感，如果不小心伤到对方，更是尴尬非常。

温馨提示

·递送刀、剪等物时应将尖端朝向自己。

·递送尖状物时不要抛送。

·递送尖状物时要等对方接到手里后再放手，以免掉落地上。

不可在办公室里放与工作无关的物品

办公桌上放着一件未完工的毛衣，窗台上放着一排化妆品，墙上挂着两幅明星海报，抽屉里还放着薯片……这样的办公室似乎已经成了私人领地，是不对的。

在办公室里放与工作无关的物品，一来会分散精力，影响工作效率；二来会影响个人形象，让别人怀疑你的工作能力和积极性。接待客户或领导时，对方会认为你自私、懒惰。再者，每个员工都是他所在公司的形象代表，每个办公室都从侧面反映着整个单位的风格和实力。在办公室里放与工作无关的东西，无法营造严肃、正规的工作环境，有损集体形象。

温馨提示

·办公室内不要放置玩具。

·办公室内不要放置零食。

·办公室内不要放太多的私人礼品。

不可在办公室接待亲朋

在办公室里接待亲朋是不妥的。

不准在办公室接待亲朋，应该是大多数单位的明文规定。从礼仪角度而言，在办公室接待亲朋，如果你是领导，就难以为下属树立一个以身作则的形象；如果你和其他同事共用一个办公室，容易影响别人工作；如果接待亲朋期间正好有公务上的客户来访，对方会认为你以及你所在的单位制度不严、信誉不佳。

温馨提示

· 必须在办公场所接待亲朋时，应在接待室进行。

· 在办公室接待亲朋时间不要太长，最好不超过半小时。

· 接待亲朋时不要高声喧哗。

礼貌接待不速之客

在办公场合随意打发不速之客，是欠考虑、不成熟的做法。

在办公时间被不速之客打扰是很烦人的，但也不能随随便便就将其打发。如果对方是你的朋友，匆匆将其打发会危及你与对方的友好关系；如果对方是走错部门的访客，问过后就将其打发会让对方对你所在的单位留下不好的印象；如果对方是同事的熟人，三言两语将其打发，会让同事对你产生不良印象。

温馨提示

· 对于不速之客，应根据对方目的礼貌应对。

· 如果来客有急事，可以帮助其询问他要找的人是否有时间应对。

· 如果不速之客为无聊的事纠缠不休，应礼貌地将其劝走。

接待客人时站立要到位

在单位接待客人，尤其是在饭店、商场等服务性行业，站立不到位是很不礼貌的。

接待客人时站立不到位，一来容易妨碍客人行动，同时使服务人员不能及时提供服务；二来容易给客人造成该单位人员素质低、服务水平低的印象；三来容易让其他人对该单位的档次和其他方面情况产生不信任，进而影响该单位声誉。

温馨提示

· 在大门口迎接客人时，应站在门边。

· 陪同客人时，应站在客人的外侧。

· 迎接重要客人时，接待人员应分列入口两边夹道欢迎。

办公室里要控制情绪

在办公室里不控制情绪会引出很多不必要的麻烦。

工作上出了点问题，与客户吵架了，受到别人的误解了……遭遇不快时，就拉长着脸，对每一个和自己说话的人翻白眼；周末时买彩票中奖了，发奖金了，见到老朋友了，买到心仪已久的衣服了……遭遇喜事时，就抑制不住自己的兴奋。在办公室里常常出现这种不控制情绪的人。不控制情绪，会使自己受情绪控制而不能很好地工作，还会将自己的情绪传染给别人，影响别人工作；不控制自己的情绪，便不能让别人感到放心，别人就不会将重要工作交给你做。

办公室不是发泄情绪的场所，不要对自己的情绪不加控制。

温馨提示

·在工作场合受到委屈或批评，不应转嫁到同事身上。

·不要把私人情绪带到办公场所。

·受到嘉奖或取得成绩时不要太张扬。

讲私人电话要轻声细语

上班时间偶尔接到私人电话，或因为情况紧急而拨打私人电话，都无可厚非，但高声讲私人电话就让人难以接受。

私人电话当然是谈私人的事情。接打情侣的电话，别人旁听会觉得尴尬，如果不听，这又是公用的办公室。再说，只适合两个人单独交流的话放到办公室的严肃场合的确不雅。家人闹矛盾了，孩子要上学了，朋友要结婚了等等私事，在办公室里讲本已经不合适，再提高声音应答，简直是故意干扰别人工作，毫无疑问是一种不礼貌的行为，会受到人们的责备的。

温馨提示

·打私人电话应该到室外或不影响他人的地方。

·接听私人电话时声音要低。

·接打私人电话时要控制时间。

·上班时间最好不接打私人电话，可用发短信的方式给对方回电话。

禁用办公资源做私事

用办公室的电脑浏览娱乐新闻，用公司的打印机打印网络小说，用公司的电话和朋友聊天，用公司的信纸和信封写私人信件，等等，如此做法，都是用办公资源做私事的表现。这是应该杜绝的行为。

用办公室资源做私事，说明你自私自利、爱贪小便宜。如果因为做私事而导致公司处理紧急事件时资源告急，你就有渎职之嫌。如果你是领导，就会导致上行下效，无法树立威严和榜样。办公资源你都做私事用了，大家工作时就不够用。

温馨提示

·办公室资源应做到专管专用，加强不滥用的自制力。

·办公用品不要拿回家自己用，更不要送给别人。

·使用办公用品要有分寸，懂得合理利用和节约使用。

·如果有办公用品损坏了，应及时向公司反映，购买补充。

不可随便挪用他人东西

不要随便挪用他人的任何东西。

随便挪用同事的东西，也许是你表示自己和他关系良好、不分彼此的举动，但是在对方看来，你是在漠视他的存在。你挪用的时候不能保证对方不用，如果别人着急用某件物品却找不到，且又得知是你自行拿走，对方一定会生气。如果你把同事的文件当废旧打印纸使用，对方甚至会发火。

随便挪用他人的物品是侵犯他人利益，自然不能说是礼貌之举。

温馨提示

·使用同事的物品前应先询问对方。

·使用同事的物品时要事先征得对方同意。

·同事不在而又必须使用他的某些物品时，一定要小心使用、合理使用；待同事回来要及时告诉同事并向其表示歉意和谢意。

不可替同事做决定

无论大事小情，你和同事关系再好，也不应该替他做决定。

不要认为“他可能会这样想”“他应该会这样做”“这样做是为他好，替他省时间、减少麻烦”。替同事做决定，在同事自己看来，是对他权利的剥夺；在其他同事看来，会认为你多管闲事，被你帮助的那个同事则是懒惰成性、没有主见的人。

如果同事准备做出的决定和你替他作的决定正相反，你就是帮了“倒忙”。

温馨提示

·同事不在场时不要替同事做决定。

·不了解同事时不要替同事做决定。

·同事未对你进行委托时不要替同事做决定。

尽量不要迟到、早退或到场太早

参加会议时迟到、早退、到场太早，都不可取。

迟到和早退都需要在众目睽睽之下穿过会场，干扰会场秩序。即使你在最后排就座，也表明了你对会议的轻视、对发言者的不敬，还体现出你目无集体、目无纪律、过于自我、没有时间观念等种种缺点。

而到场太早，通常情况下你既不能为筹备会议的人帮上忙，还会给人以监督筹备者、好奇而窥视会场的印象，你还可能干扰会场筹备人员的工作。

温馨提示

·参加会议、正式宴会等集体活动不应迟到。

·参加酒会、舞会等非正式活动时允许迟到和早退，但必须和周围的人打招呼。

·一般情况下，参加集体活动应提前10分钟到达，不要太提前，以免筹备者尴尬。

会上发言不要长篇大论

会上发言长篇大论令人反感。

为一个几句话就能说完的主题在会上长篇大论，既啰唆又有显摆和说教之嫌；发言时不断转换议题，总将“我再补充一点”挂在嘴边，给人以思维混乱、记忆力差之感；刚被提升的人在昔日为同事的下属面前开会时长篇大论，给人以“小人得志”“得意忘形”之感。

会上发言长篇大论，别人记住的不会是你善于说话的优点，而是你不尊重他人感受的表现。

温馨提示

- 会上发言要简洁。
- 会上发言不要揪住一个问题反复讲。
- 会上发言不要扯与主题无关的事情。
- 会上发言应避免说一些口头禅之类的话。

第四章

20 几岁要懂得的人脉常识

拥有不同的“圈子”

物以类聚，人以群分，这个“分”当然有其特定的标准和规则。但当这个标准或规则太具有功利性时，“圈子”有时就会从圈住共同东西的领域变成了阻碍人迈出脚步的套子。这时，“圈子”便不知不觉变成了圈套。别让圈套套住你的最好办法，就是拥有几个不同的“圈子”。涉猎广泛一些，发挥自己不同的侧面，就很容易拥有不同的“圈子”。

成功在很大程度上取决于你拥有多大的权力和影响力，与恰当的人建立稳固关系对此至为关键。

身不由己的“第一圈子”

“第一圈子”中利益的成分很多，因为将彼此联系在一起的是工作。很多事情，就算你不喜欢，你还得做；很多人，就算你不喜欢，你也得和他们打交道。在这个圈子里，有你所不喜欢但必须直面的人，这个圈子未必是轻松的。

小姣是一家报社的记者，因为工作的关系，她有一个娱记的圈子。这个圈子里有自己的游戏规则，大家泡吧、赴诗会、开新闻发布会、搞策划，彼此之间有着心照不宣的默契。巩固和发展自己的利益，稳定自己在圈子里的地位，这样才能站稳脚跟，否则圈子里的事情你可能就是最后一个知道。

为了维护自己在这个圈子里的地位，小姣总是把自己打扮得时髦而鲜亮，经常临近子夜才从各种场所赶回家。在聚会中，还得有各种新鲜话题和小道消息，否则很容易被人认为“最近没出来吧”。小姣因为这样的圈子和圈子带来的生活而感到有些疲惫，但她很难真正脱离它，因为各种工作、利益关系都是围绕着这个圈子进行的，怎能说放弃就放弃呢？于是，小姣小小年纪便有了“人在江湖，身不由己”的感触。

在“第一圈子”里游荡的人们多数都有过身不由己的体会，但规则却是慢慢形成的，轮到你不情愿时已是无法脱身，只要你还想在这个圈子里继续维护你的利益，你就得服从这个规则。

身心都能得到放松的“第二圈子”

所谓“第二圈子”就是能让你在生活重重的压力下得以喘息的地方。在这个圈子里，你可以和几个玩得来的朋友下酒吧、逛商店，聊到哪里是哪里；可以时不时和朋友一起出门旅游，潇洒走天涯。这样的圈子很轻松、默契，因为大家的目的很明确，就是追求快乐。

小兰是会计师，整天和数字打交道，很枯燥乏味。一个偶然的机会，她认识了一个朋友，那位朋友把她带到自己的圈子里，她从没想到可以把日子过得这么丰富多彩。现在一有空，她就和她们泡在一起，去看电影、泡吧，或者一起逛街。每周日打网球，是她们雷打不动的项目。这时，小兰一边和朋友交流着各自打球的心得，一边寻找着小资优雅生活的感觉。这样的圈子和业余生活，让她有足够的精力去应付工作带来的压力和烦躁。

拥有自己的纯朋友圈

圆圆喜欢旅游，每次出行前必先读书，再画地图，然后按图索骥，开车自助游。她每次出游的伙伴都是新的，因为这样的缘故，圆圆交了不少朋友。她说："这个圈子没有利益，完全是因为共同的爱好才走在一起，所以轻松愉快。大家在一起交流最近的旅游心得，相约更多的旅游计划，很是快乐。我奉行的标准是根据不同的需求去寻找不同的圈子，这样才能适得其所，我的生活也因为他们而变得丰富了。"

利用电话主动与人联系

建立"关系"最基本的原则就是：不要与人失去联络，不要等到有事情时才想到别人。"关系"就像一把刀，常常磨才不会生锈。若是半年以上不联系，你就可能已经失去这位朋友了。

因此，主动联系就显得十分重要。试着每天打 5~10 个电话，不但能扩大自己的交际范围，还能维系旧情谊。如果一天打通 10 个电话，一个星期就有 50 个，一个月下来，就可到达 200 个。平均一下，你的人际网络每个月大概都可多十几个。

古人有"与君一席话，胜读十年书"的佳句。一次有益的聊天，有时会产生相见恨晚的感觉。

别总做接受者

在社会交往中不能总做接受者。如果你仅仅是个接受者，而不会主动联络、帮助别人，那么无论什么网络都会疏远你。搭建关系网络时，要做得好像你的职业生涯和个人生活都离不开它似的，因为事实上的确如此。

学会化敌为友

一次，林肯总统遇到某议员。该议员批评林肯总统对敌人的态度，“你为什么要试图跟他们做朋友呢？”他质问道，“你应当试图去消灭他们。”

“难道我不是在消灭我的敌人吗？”林肯温和地说，“特别是当我使他们变成朋友的时候。”

这种高深的策略在交际中发挥了不可估量的作用，不能不引起我们的重视。当我们碰到反对自己的对手或者和自己暗自竞争的对手时，我们切莫动怒，若把时间与精力花在考虑如何“击败”对手或者用某种优势压倒对方上，这样只会使怨气越积越深。我们应该寻找机会接近对方，使对方成为自己的朋友，这比摩拳擦掌、明枪暗箭般地斗下去要好得多，也就是《孙子兵法》上提到的“不战而屈人之兵”。

一个人成功的重要因素，是能把许多不认识的人变成新朋友。人与人之间不会完全相同，这种不同最明显的差异常常会体现在一个人的爱好中，并通过行为、习惯、意见等表现出来。我们在接触不同的人时，要注意并尽力把他们与自己融合在一起。

左右逢源，别吊死在一棵树上

有一个硬靠山是好，但他不可能一辈子做你的靠山。只有一个靠山，就相当于把赌注都压在一个人身上，一旦这个人跌倒，你不但失去了依靠，说不定还会跟着他遭殃。因此，聪明的人总是“一颗红心，两手准备”。

找靠山也需要用心衡量，既要左右逢源，照顾到方方面面的利益，又要瞻前顾后，考虑事情全面周到，不能吊死在一棵树上，也不能一条道走到黑。

全面出击，左右逢源，为自己的人脉存折多续几份资金，急用之时再把它取出来，随时储备、随时用，千万不能等着急用的时候，却凑不够，让事情半途而废。

和有进取心的人交朋友

如果你的朋友比你层次高，这样的朋友无疑将会往高处带你，而层次比你低的朋友结果大多是拖你后腿。那些只问“你的房间有多大，有什么家具”，而从不与你交流思想的人是狭隘的人，小心受其影响。你的进步与否，很大程度上取决于你周围的朋友。因此，为了你的进步，选择那些积极上进的人做朋友，因为他们希望看到你的成功，会给你的计划提出积极建议。如果你只是结交那些低级趣味的小市民，渐渐地，你自己也就成为他们中的一员了。

选择志同道合的朋友

物以类聚，人以群分，正直的人不会和奸诈的人交好，不同类的事物在一起是难以共存的，所以当鹿把狗当作同类时，惨剧就发生了。

有人说看一个人的底牌要看他身边的朋友，此话不假，什么样的人就会有什么样的朋友。你希望成为什么样的人，就要跟什么样的人在一起。

与优秀的人交朋友

道元禅师如此说道：“古人曾说：‘行雾中，衣裳不觉中湿透。’”同样，平日常常接近优秀杰出之人，自己也会不知不觉中成为优秀的人才。

在第一时间内赶去祝贺

遇到朋友或同事升迁或有其他喜事，要记得在第一时间内赶去祝贺。当你的关系网成员升职或调到新的组织去时，也要尽早赶去祝贺他们。同时，也让他们知道你个人的情况。如果不能亲自前往祝贺，最好也应该通过电话来表达一下自己的友谊。

同学经常聚会，以求关键时候帮把手

有人说：“同学之情只有几年，一旦缘尽则情尽，没什么可值得留恋的。”

这其实是错误的想法，要知道，大千世界、茫茫人海，既为同学，实是缘分不浅。而且，同学关系有时在很危急的关头能帮上大忙，能起到排忧解难的作用。但是，这是来自自己的努力。如果在你与同学分开之后并没有经常性的相聚，那关系之好从何谈起，从中受益则更是一句空话了，所以，只要你有这份心、这份情，真诚地维持分开之后的同学关系，那你的人际面会更加广泛，路子也会比别人多出几条。

维护好亲戚关系

俗话说：“是亲三分近。”亲戚之间大都是血缘或亲缘关系，这种血浓于水的特定关系决定了彼此之间关系的亲密性。这种亲戚关系是提供精神、物质帮助的源头，是一种应该能长期持续的、永久性的关系。因此，人们都具有与亲属保持联系的义务。在平常与亲戚保持密切联系，在困难时期，求助亲戚才最有利。

维护好老乡关系

中国人对故乡有一种特殊的感情，爱家乡，更爱那里的人。于是，同乡之间，也就有着一种特殊的情感关系。如果都是背井离乡、外出谋生者，则同乡之间更是必然会互相照应的。中国的老乡关系是很特殊的，也是一种很重要的人际关系。既然是同乡，那涉及某种实际利益的时候，则是“肥水不流外人田”，只能让“圈子”内的人“近水楼台先得月”。也就是说，必须按照“资源共享”的原则，给予适当的“照顾”。

如此看来，如何搞好老乡关系是非常重要的，不仅可以多几个朋友，最重要的是可以获得许多有用的东西，也许赚钱的道路又会平坦几分。

使自己的关系网长期有效

在中国这样一个重视人情礼仪的社会里，人脉关系起到的作用是相当大的。有人脉就好办事，有关系就好说话。因此，若要做事就要善于建立和利用人脉关系找靠山，这样办事就能顺顺当当，即使是难办的事也不在话下。

如今，行色匆匆的快节奏生活已使人们无暇去应付这些联络，那么如何在既省时又省力的情况下，保证关系的互通呢?

我们把与自己的生活圈子有直接关系和间接关系的人记在一个本子上，把没有什么关系的记在另一个本子上，这就像是打扑克中的“埋底牌”，把有用的留在手上，把无用的埋下去。

或者，对自己认识的人进行分析，列出哪些人是最重要的，哪些人是比较重要的，哪些人是次要的，根据自己的需要排序。这就像打扑克中要“理牌”一样，明白自己手里有几张主牌，几张副牌，哪些牌最有“杀伤力”，可以用来夺分保底，哪些牌只可以用来应付场面。

由此，你自然就会明白，哪些关系需要重点维系和保护，哪些只需要保持一般联系和关照，从而决定自己的交际战术，合理安排自己的精力和时间。

再者，可以根据“人脉关系”的作用分类。例如有的关系可以帮助你牵线带路，有的则能够帮助你出谋划策，有的则能为你提供某种信息。在求人办事的过程中，有些事情往往涉及很多方面，不可能只从某一方面就能打通，需要很多方面的支援。虽然“人脉关系”的作用不同，但对自己都可能是至关重要的，所以一定要分别整理，对各种关系的功能和作用进行分析、鉴别，把它们编织到自己的关系网中。

“人脉关系”就像一把剪刀，常常磨才不会生锈，若是半年以上不联系，你就可能已经失去某位朋友了。每个人都是自己的一张名片，没事时我们要常常翻动，对其进行资源配置。只有不断检查、修补关系网，随着部门调整、人事变动及时调整自己的人脉网，修补漏洞，及时进行调整，不断从关系之中找关系，才能使自己的关系网长期有效。

为你的人脉进行“感情投资”

所谓“感情投资”，就是指能够在人情世故上多一点关心、多一些相助，以后即使遇到大风大浪的情况，也能够相互体谅，“生意不成人情在”。

虽然很少有人能达到“人饥己饥，人溺己溺”的境界，但你至少可以随时关注一下别人的需要，时刻关心朋友，帮助他们脱离困境。当朋友身体不适时，你应该多去探望，多谈谈朋友关心的话题；当朋友遭遇打击而沮丧时，你应该给予鼓励；当朋友愁眉苦脸、沉默寡言时，你应该亲切地询问他们，这些适时地安慰会像冬日里的阳光，温暖而不刺眼。

感情来自交流。平时多加强联系，是人际关系网最佳润滑剂。

拓展人脉需要“感情投资”

现代人生活忙忙碌碌，没有时间进行过多的应酬，日子一长，许多原本牢靠的关系就会变得松懈，朋友之间逐渐淡漠，这是很可惜的。

“问世间情为何物，直教生死相许”，任何一个普通人都难逃脱一个“情”字。尽管当今社会流行一句话：“认钱不认人”，但是“人情生意”从未间断过。人们既然能够为情而死，那么为情而做生意又有什么不可呢？所以，拓展人脉也需要“感情投资”。

巧妙地让人欠自己一份人情债

感恩图报，是一般人都有的普遍性心理。假如你能巧妙地让别人欠你一份人情债，日后十有八九都会得到对方的报答。你可以无意识地这样做，也可以有意识地这样做。但不管怎样，你都不必刻意等待报答结果的到来。

当然，有时候这需要你的付出。更多情况下，你可能只是送一个顺水人情，根本不需要自我牺牲。

办事有尺度，说话讲分寸

《文中子·魏相》有言：“不责人所不及，不强人所不能，不苦人所不好。”

办事有尺度，说话讲分寸，才能使人脉得以顺利地拓展。

具体来说，要把握好以下几个方面的尺度：

其一，不要强人所难。为人要自爱，能不麻烦别人的事就应当尽量不麻烦别人。如果大事小情都要假手于人，那么别人就会对你敬而远之，退避三舍，你就难以再继续和人交往了。

其二，非万不得已，在一件事情上不要同时请几个人帮忙。尤其是在当有人已经肯定答复给你办的情况下，你再这么做，就是表示对人家不信任。

其三，求人帮忙不要反悔。确实需要别人帮忙的事，要事先讲清楚要求。否则别人就会感到为难，那么谁还会愿意再帮你呢？

与人为善，友好相处

与人为善，友好相处，这是成功拓展人脉的基础。在生活当中，我们应该学会主动热情地与周围的人接近，表示一种愿意与人交往的愿望。如果没有这种表示，别人可能会以为你希望独处，不敢来打扰你。切忌不要显出孤芳自赏、自诩清高的态度，使人产生你高人一等的感觉。别忘了，不平等的态度永远不会赢得友谊。

不把好恶写在脸上

在社会交往中，我们不可能被所有人喜欢，也不可能都遇到令自己喜欢的人。要想获得良好人缘，就绝对不要把好恶写在自己的脸上。不要只与自己喜欢的人友好相处，而对自己不喜欢的人厌烦远离。

一个聪明的人能够做到“与自己不喜欢的人能友好地相处，而不被对方挑出什么毛病，也不会被对方在背后咒骂和诽谤”，这是最智慧的处世方式。只有愚蠢的人，才会当众与自己不喜欢的人过不去，不仅给对方脸色看，而且还会讽刺挖苦对方。结果只会令双方关系越来越僵，并且对方会更加仇恨自己。

尽可能结识更多的人

大数法则又称“大数定律”或“平均法则”，是概率论的主要法则之一。你结识的人数越多，那么，预期成为你的朋友至交的人数占你所结识的总人数的比例越稳定。广结人缘，你必须服从这个永恒的法则。

拓展人脉不可操之过急

拓展人脉是名利场上的必然行为，但在社会上，有一些法则还是必须注意，才能达到预期的效果，而不致弄巧成拙。

这个法则为“一回生，二回半生不熟，三回才全熟”，而不是“一回生，二回熟”。“一回生，二回熟”还太快了些，“一回生，二回半生不熟，三回才全熟”则是渐进的，而且是长期的、对方不知不觉的。之所以要“一回生，二回半生不熟，三回才全熟”，原因如下：

一是每个人都有戒心，这是很自然的反应。一回生，二回就要“熟”，对方对你采取的绝对是“关上大门”的自卫姿态，甚至认为你居心不良，因而拒绝你的接近，名人、富有或有权势之人更是如此。

二是每个人都有“自我”，你若一回生，二回就要“熟”，必定会采取积极主动的态度，以求尽快接近对方。也许对方会很快感受到你的热情，也给你热情的回应，可是大部分人都会有自我受到压迫的感觉，因为他还没准备好和你“熟”，只是痛苦地应付你罢了，很可能第三次就拒绝和你碰面了。

“一回生，二回熟”的缺点还不止上面提的两点。因为你急于接近对方，所以很容易在不了解对方的情形下，以自己为话题，以此来持续两人交谈的热度，这无疑是暴露自己，若对方不是善类，你岂不是自投罗网吗？

在现代社会生存发展，的确需要拓展人际关系、积累人脉，但朋友的交往是需要时间的，太过心急，只会引起对方的反感。所以，建立人脉关系也要循序渐进，一步一步慢慢接触，这样拓展出的人脉才是稳定的。

第五章

20 几岁要懂得的办事技巧

先声夺人，反客为主

人总是欺软怕硬的，遇到弱小的一方总是喜欢以强欺弱，非得把对方逼到无路可退的境地。这是人的一种劣根性。如果你居于弱势地位，当对方不肯轻易顺从你的意见，甚至显示出一种居高临下的姿态时，可以开始一上来就以“恐吓”压制住对方，从而让对方屈从和改变主意，反客为主，占据你的主动地位。

人活着就是一种对抗，如果你不想被对方压倒，那你就得先声夺人，反客为主，时刻占据上风才能赢。

以情动人，善打感情牌

沟通对于人际关系的协调都具有至关重要的作用。在沟通的时候，要注重感情的作用，用感情打动别人的心，有时可取得非常好的效果。

在三国历史上，曹丕、曹植之间关于太子之争说明了“情”的威力。

曹操的两个儿子——曹丕和曹植，均能辞赋。曹操被汉献帝封为魏王后，在诸子中选立自己的继承人。次子曹丕虽被立为太子，但觉得自己的地位很不稳固，认为弟弟曹植是自己强有力的竞争者。于是，两人都想方设法争宠于曹操。

一次，曹操要率大军出征，曹丕与曹植都前去送行。临别时，曹植作了一篇洋洋洒洒之文，极力称颂父王功德，并当众朗诵得声情并茂，使得曹操和他的左右文武大臣万分高兴。曹植也因此受到了众人的夸奖。曹丕怅然若失。这时，他的谋士吴质悄悄建议他做出流涕伤怀的样子。等到曹操出发时，曹丕什么话也不说，只是泪流满面，趴在地上，悲伤不已，表示为父王将要出生入死而担忧。他一边哭着一边跪拜，祝愿父王与将士平安。曹操及左右将士都大为叹息，深受感动。

这样一来，形势大转。俗话说，“不怕不识货，就怕货比货”，曹操和左右大臣都认为曹植虽能说会道，但华而不实，论心地诚实仁厚却不如曹丕。一番考察和鉴别之后，曹操最终把曹丕立为太子。

虽然都是矫饰，都是为了争宠，有的做得巧妙，有的做得矫情，文饰不如情饰。“情”的力量无所不在，只是人们常常容易因此而忽略了它的重要性，只要善于利用，就可以轻松地达到你所想要达到的目的。

对自己的底要有所保留

与人相处，不要把自己过去的事全让人知道，特别是那些不愿让他人知道的个人秘密，更要做到有所保留。向他人过度公开自己秘密的人，往往会因此而吃大亏。

世界上的事情没有固定不变的，人与人之间的关系也不例外。今日为朋友，明日成敌人的事例屡见不鲜。你把自己过去的秘密完全告诉别人，一旦感情破裂。对方不仅不为你保密，还会将所知的秘密作为把柄，到时后悔也来不及了。

可说不可信的“场面话”

什么是“场面话”？简言之，就是让别人高兴的话。既然说是“场面话”，可想而知就是在某个“场面”才讲的话，这种话不一定代表内心的真实想法，但讲出来之后，就算别人明知你“言不由衷”，也会感到高兴。会来事的人懂得：“场面之言”是日常交际中常见的现象之一，而说场面话也是一种应酬的技巧和生存的智慧。

俗话说得好，“蜜比醋更能吸引苍蝇”，在社交场合，我们不可做被别人的场面话所吸引的“苍蝇”，轻信别人的一时之言有时不是一种善良，而是一种愚钝。

对于称赞或恭维的“场面话”，你尤其要保持你的冷静和客观，千万别因别人两句话就乐昏了头，因为那会影响你的自我评价。冷静下来，反而可看出对方的用心。

对于拍胸脯答应的“场面话”，你只能保留态度，以免希望越大，失望也越大，只能姑且信之，因为人心无法预测，你既然猜不出别人的真心，就只好抱持最坏的打算。要知道对方说的是不是场面话也不难，事后求证几次，如果对方言辞闪烁、虚与委蛇，或避不见面、避谈主题，那么对方说的真的是“场面话”了！

“场面话”是人性丛林里的现象之一，而说“场面话”也是一种生存智慧，在人性丛林里进出过一段时日的人都懂得说，也习惯说。这不是罪恶，也不是欺骗，而是一种“必要”。撇开道德的标准，谎言就是一种“智慧”，所以，在做客、赴宴、会议及其他聚会等场合，说一些无碍于原则与是非标准的“场面话”，也是一个人在纷纭复杂的社会中立足的一种本能。

给人面子就是给人一份厚礼

面子是什么呢?“面子”是一个人在群体中的“尊严”和立足的根本，换句话说，代表着“地位”。为了“面子”，一些人小则翻脸，大则会闹出人命。

如果你是个对“面子”无所谓的人，那么你很难成为受欢迎的人；如果你是个不顾自己面子，也不顾别人面子的人，那么总有一天你会因面子吃暗亏。在社会上行走，你必须清楚地认识到这一点。这也是许多老于世故的人不轻易在公开场合说一句批评别人的话的原因，他们宁可高帽子一顶顶地送，既保住了别人的面子，也可以得到别人如法炮制回送的面子，彼此心照不宣，尽兴而为。

巧妙暗示远胜当面指责

生活中的很多事，起因复杂，因此办起事来更复杂。许多时候我们清楚，真理是站在自己这一边的，但这并不意味着，有了道理就可以把事办成。

莫比尔是一所大学的老师，他有一个学生因非法停车而堵住了一个学院的入口，他冲进教室，以一种非常凶悍的口吻问道:“是谁的车堵住了车道?”当车主回答时，这位老师吼道:“你马上给我开走，否则我就把你的车绑上铁链拖走。”

这位学生是错了，车子不应该停在那儿。但从那一刻起，不止这位学生对莫比尔的举止感到愤怒，全班的学生都尽量地做些事情以造成他的不便，使得他的工作更加不愉快。

他原本可以用完全不同的方式处理的。假如他友善一点：“车道上的车是谁的？”并建议说，“如果把它开走，那别的车就可以进出了。”这位学生一定会很乐意地把它开走，而且他和他的同学也就不会那么生气了。

在做事的过程中，即使自己是对的，别人绝对是错的，我们也会因为让别人丢脸而毁了一切。传奇性的法国飞行先锋和作家安托安娜·德·圣苏荷依写过：“我没有权利去做或说任何事以贬抑一个人的自尊。重要的并不是我觉得他怎么样，而是他觉得他自己如何。伤害他人的自尊是一种罪行。”这种做事的方法，使人们易于改正他的错误，又维持了人们的自尊，使他自以为很重要，使他希望和你合作把事情办好，而不是反抗或抵触。

千万不要揭人短

无论人格多高尚、多伟大的人，身上都有“逆鳞”存在。只要我们不触及对方的“逆鳞”就不会惹祸上身。所以说，所谓的“逆鳞”就是我们所说的“痛处”，也就是缺点、自卑感，针对这一点我们有必要事先研究，找出对方“逆鳞”所在位置，以免有所冒犯。

然而，世间人的性格类型却是千奇百怪。我们说左，他说右，那我们说右嘛，他偏又非说左不可，像这样永远和别人唱反调的人也不少。就算不至于如此偏激，但也有人总固执地坚持自己的立场，或自己的意见明明是少数意见，却绝不接受他人的任何意见，也有人顽固地认定只有自己的做法和想法才是天底下最正确的。当然也有掩藏自己心底的企图而试探对方的心意，不惜唯唯诺诺，奉承拍马屁，迎合对方口气，以探虚实的人。

受伤的疮疤不能抠，越抠越容易发炎，难免会使伤口越大。触人痛处，犹如抠人疮疤，其结果犯了人与人相处的大忌，得罪了别人，自己也捞不到什么好处。

办事分轻重缓急

不会变通的人在日常生活和工作中，分不清哪个更重要，哪个更紧急，因此难免手忙脚乱。而会变通的人则会根据事情的紧迫感，把一天的时间安排好。在紧急但不重要的事情和重要但不紧急的事情之间，你首先去办哪一个？面对这个问题你或许会很为难。

实际上，会生活的人都明白轻重缓急的道理的，他们在处理一年或一个月、一天中的事情之前，总是按分清主次的办法来安排自己的时间。

（1）把重要的事情摆在第一位：商业及电脑巨子罗斯·佩罗说："凡是优秀的、值得称道的东西，每时每刻都处在刀刃上，要不断努力才能保持刀刃的锋利。"

（2）精心确定主次：在确定每一年或每一天该做什么之前，你必须对自己应该如何利用时间有更全面的看法。

凡事留一手

"狡兔三窟"，做事留有余地，给自己保留一条退路，就不至于落得一败涂地的下场。事情做尽做绝，如同话说尽说绝一样，不是伤人就会被别人伤。当事情做到尽处，力、势全部耗尽，想要改变就难了。

有一位慈祥的师傅，把全身之术尽数传给了一个性情暴戾的恶徒，恶徒学艺出师，不思图报，反倒认为留着师父多了一个竞争对手，凭着年少勇力跟师父决斗，最后达到了自己罪恶的目的。

与此相反的一个例子是猫与老虎的故事。传说猫曾做老虎的老师，教它诸般发威、怒吼、卷尾、剪、扑之技，但猫思虑老虎比自己庞大若干，若日后它欲反扑于我该怎么办，遂保留了一手爬树的技巧，果然老虎不久就翻脸了，怒欲扑食猫老师，猫老师嗖地蹿上树顶，老虎抬头张望无计可施。

两例可见，倘若师傅留一手，也就是给自己留条退路，也不致身处惨境，慈善反而为慈善所害。

以人为师，少说为佳

以人为师，少说为佳，并不是不说话。你得说，投其所好，不懂就问；懂的，有时也要暂时装作不懂去问。你提问的方式，要能使对方口若悬河，使对方心里有一种满足感和被尊重感。这时再崭露锋芒，也不会太引人注目，你的目的也就容易实现了。

凡事不钻牛角尖

商朝时期，伯夷、叔齐是孤竹君的两个儿子。父亲想立叔齐为国君，等到父亲死了，叔齐要把君位让给伯夷。伯夷说："这是父亲的遗命啊！"于是逃走了，叔齐也不肯继承君位逃走了。国人只好拥立孤竹君的次子。这时，伯夷、叔齐听说西伯昌能够很好地赡养老人，就想何不去投奔他呢！可是到了那里，西伯昌已经死了，他的儿子武王追尊西伯昌为文王，并把他的木制灵牌载在兵车上，向东方进兵去讨伐殷纣。伯夷、叔齐勒住武王的马缰进谏："父亲死了不葬，就发动战争，能说是孝顺吗？作为臣子去杀害君主，能说是仁义吗？"武王身边的随从人员要杀掉他们。太公吕尚说："这是有节义的人啊。"于是搀扶着他们离去。

等到武王平定了商纣的暴乱，天下都归顺了周朝，可是伯夷、叔齐却认为这是耻辱的事情。他们坚持仁义，不吃周朝的粮食，隐居在首阳山上，靠采摘野菜充饥。到了快要饿死的时候，他们写了一首歌，歌词是："登上那西山啊，采摘那里的薇菜。以暴臣换暴君啊，竟认识不到那是错误。神农、虞、夏的太平盛世转眼消失了，哪里才是我们的归宿？哎呀，只有死啊，命运是这样的不济！"于是，他们饿死在首阳山。

追求仁德是圣贤所为，但凡事都不应钻牛角尖，伯夷、叔齐就是因为太强调仁德不会变通，才饿死在首阳山。

中国人办事讲求中庸之道，不偏不倚，不左不右，折中调和，不走极端。为人处世，要严格要求自己，办事知道节制，不走极端。

隐藏好自己的喜怒哀乐

喜怒哀乐是人的基本情绪，这世界上应该没有心如止水的人，没有喜怒哀乐只能是“植物人”。

没有喜怒哀乐，这种人其实很可怕的，因为你不知道他对某件事的反感，对某个人的观感，当人面对他时会有不知如何应对的慌乱。但在复杂人际交往中，喜怒不形于色，做到这一点是很重要的。

楚汉战争期间，刘邦屡败于项羽，最后兵困荥阳，处境危在旦夕。正在这时，刘邦的部下韩信在北线却捷报频传。

随着军事上的节节胜利，韩信的政治野心也逐渐膨胀起来。他派人面见刘邦，要求封自己为王。刘邦一听，便怒不可遏，当着信使的面斥责道：“我久困于此，日夜盼望韩信前来相助，想不到他竟要自立为王。”

此时，张良正坐在刘邦身边，急忙附耳说道：“汉军刚刚失利，大王有力量阻止韩信称王吗？不如顺水推舟答应他，使其自窃，否则将会产生意外之变。”

刘邦立即心领神会，话锋一转，反改口骂道：“大丈夫要做就做个像样的王！”刘邦原本爱骂人，这一骂不足为怪，况且前后两语衔接不错，竟也没露出什么破绽。

不久，刘邦派张良作为专使，为韩信授印册封。

就这样，刘邦不动声色稳住了韩信，为汉军日后十面埋伏、击败项羽做了组织准备。如果当时就为此事与韩信闹翻，后果将不堪设想。以当时韩信的实力，独自称王逐鹿中原也并非没有可能。

喜怒不形于色。这是多少人追求的一种境界。在实际生活当中，这种以静制动的工夫被称为“深藏不露”“绵里藏针”，这也是一种为人处世的“心计”。

该糊涂时就糊涂

生活中，诸如功名、利益、事业、地位和家庭的成就，都是每一个人梦寐以求的东西。每个人几乎都会将自己一生的精力投注于这方面努力。精打细算虽然有助于事业的经营，有助于提高做事的效率，然而一个精明干练的人，却难以获得大多数人的喜爱。尤其是在为人处世方面，往往会遭遇一些无法预料的阻力，这也是做人的难处。所以说，对于有些人和事，应该学会糊涂。不过，到底什么时候应该糊涂？什么时候不该糊涂？什么事可以糊涂？什么事不能糊涂？糊涂到什么程度才算恰到好处？说起来都是一门很深的学问，在什么时机应当“从糊涂中入，从聪明中出”，或在什么时机应该“从聪明中入，从糊涂中出”，如此出出入入，由聪明而转糊涂，由糊涂而转聪明。能够掌握其中的要领，也就成为一个真正的智者了。

宽容待人是智者的行为

宽容待人，表现在能容纳不同的生活方式、不同的价值观、不同的意见，不把自己的意见强加给别人；为人不斤斤计较；与人发生矛盾时，不结怨，得饶人处且饶人，和善待人。宽容待人，才能在复杂的社会中建立良好的人际关系，使自己生活在和睦的环境之中，这样一方面使与自己结怨的小人减少，另一方面也不给小人以可乘之机。

能够容忍别人的过失，以宽容为怀，是一个人非常优秀的品质。很多成功者就是凭借对他人的宽容走上成功之路的。宽容能帮助人们减少仇恨、暴力和偏见。

春秋时代秦穆公巡游时一匹马走失了，穆公追到岐山之南，发现一些人杀了这匹马正煮着吃。穆公见状后就说："吃肉不喝酒，我担心伤害你们的身体。"于是拿来酒一一劝饮，尽欢而去。一年后，晋秦交兵，穆公被围，眼看就要被俘时，有三百多人过来与晋军死战，保住穆公，并生擒了晋惠公，原来，这些人正是当年吃马肉者。

所谓"大人不计小人过"，宽容曾经冒犯自己的人，是智者的行为。

宽宏大量、与人为善、宽容待人、能主动为他人着想、肯关心和帮助别人的人，则讨人喜欢，易被人接纳，受人尊重，具有魅力，因而能在复杂的人际交往中更多地体会成功的喜悦。

第六章

20 几岁要懂得的宴请礼仪

宴请重在满足客人的需求

请客应酬是求人办事常用的一种方法，在请客时，只要招待好所请之人，那么所求之事也就差不多了。

在请客时，很重要的一个原则就是要尊重对方特别是少数民族的饮食习惯。

大多数情况下，正式宴请的具体时间遵从民俗惯例。比如在国内外举办正式宴会，通常都要安排在晚上进行。因工作交往而安排工作餐，大都选择在午间进行。而在广东、海南、港澳地区，亲朋好友聚餐，则多爱选择饮早茶。

宴请的目的是求人办事，因此，宴请时主人不仅要从自己的客观条件出发，更要讲究主随客便，要优先考虑被邀请者，特别是主宾的实际情况，不要对这一点不闻不问。如果可能，应该先和主宾协商一下，力求双方方便。至少，也要尽可能提供几种时间上的选择，以显示自己的诚意。

现实生活中有很多人，宴请时“仅凭自己的感觉就断定别人会喜欢自己的安排”，这是很多求人不成、办事无果的原因。

宴请是针对所请之人进行的，因此要千方百计地满足客人的需求，宴请的地点和时机应尽可能让客人感到方便。主人可在宴请前征求客人的意见，以便充分准备。

宴请要考虑周边的环境

（1）选择交通方便的地方。选择用餐地点，对于交通方便与否，要高度关注。要充分考虑聚餐者交通是否方便，有无停车场所，是否有必要为聚餐者预备交通工具等一系列的具体问题。

（2）选择卫生良好的饭店。外出用餐时，人们最担心的就是“病从口入”。所以，确定宴请的地点时，一定要看其卫生状况如何。倘若用餐地点过脏、过乱，会破坏用餐者的食欲。

（3）选择环境幽雅的地方。对现代人来讲，宴请不仅仅是为了吃东西，也讲究环境。如果用餐地点档次过低、环境不佳，即便菜肴再有特色，也会令宴请大打折扣。

这里的环境既包括宴会举办场地的自然环境（如湖边、闹市、船上等），宴会所在的建筑环境（如酒店建筑风格、餐厅装修特点等），也包括宴会举办场地（餐厅的大小、空气状况和环境布置等）。

宴会上如何就座

在进入宴会厅之前，先了解自己的桌次和座位。入座时注意桌上座位卡是否写着自己的名字，不可随意乱坐。如果有领位员引导宾客入座，客人要走在领位员的后方，不可超前。如果男女一同赴宴，男士宜走在女士左后半步的位置。

入座时要从椅子左侧就座，如果餐中要出去打电话或方便，也从左侧退出。对于女士，一般有招待员为其拉出椅子，没有招待员时，男士要代替。如果你是一位男士，邻座是年长者或女士，你应主动为其拉开椅子，协助他们坐下。

客人从左侧入座，其正确的入座方式是：先用一只脚跨入桌椅间的空隙，另一只脚再随后跟上，这时身体到达座位，上身保持挺直，下半身弯曲垂直坐下。入座时切忌慌慌张张、左顾右盼，更不可一屁股坐下，这是不礼貌的。一般说来，最合乎国际标准的坐姿是：上身保持挺直，身体距离桌面两个拳头的宽度。

与领导进餐的注意事项

在工作酒会、宴会中，一定要等到领导举杯了，你才能举杯，或者你可以举杯敬领导。可千万不要拿起杯一句话不说一饮而尽，那领导会以为你对工作有不满情绪，更不要在领导前喝醉失态。

邀请经理携配偶用餐，其他人的配偶也应参加。当然，也有例外，若客人的配偶目前在上班，未予邀约并不失礼。

如果没有客户在场，作为年轻职员，要体现出照顾上级和年长同事（特别是女士）的风格，包括部门经理、领导和其他年长同事。当然，如果有客户，就要照顾客户的需求。如果有“外人”在场，一定要表现出对上级的尊重，千万不要像在单位一样随意开玩笑。

此外，如果前夜领导请客吃饭或喝茶什么的，第二天见到领导时一定要再次致谢。也可以送个小纪念品以示谢意，哪怕是一张卡。特别注意不要在领导面前道人是非。

只有懂得这些宴请之道，以后你求领导办事才会更加顺利。

升职时如何请同事吃饭

许多公司有不成文的习惯，就是升职要请客，你若身处这样的公司，当然要入乡随俗。至于请客请些什么呢？那要视加薪额和职级而定，一则是量入为出，二则是身份问题。一切最好依照旧例，人家怎样，你就怎样。

相反，有同事表示要请客为你祝贺，你也要答应，否则就是不给面子，不接受人家的好意。不过，答应之余，请考虑对方是否出于一片真心，还是彼此只属泛泛之交，此举只是拍马屁。前者你自然可以开怀畅饮，至于后者，吃完之后你最好反过来做东，这样既没接受他的殷勤，又没有得罪他。

与同事进餐时不谈同事的隐私

即使闲聊也不可以谈论同事的隐私，如被心怀不轨的同事听到，很可能会添油加醋地到处宣扬。这样，别的同事会怨恨你，你就会处于非常不利的境地。

宴请下级，以情为先

在同一个单位里，领导要求下级办事，宴请下级也是比较常见的现象，那么，在应酬下级时，领导要注意哪些问题呢？

虽然身为领导，但是请下级吃饭时不要摆出一副施恩者的架子，要把你的下属想成是跟你一样有价值、有智慧的人，他们只是目前的资历不如你，或者具有不同的优势。同时，还应该注意防止那些觊觎你的人有可乘之机。

兵法有云："攻心为上。"人心最难了解，也最难赢得。要想当好领导，唯有笼络下属。对下属诚恳、真挚，只有这样才能凝聚成坚不可摧的向心力。微笑、放下领导的架子、不责备他们的过错，都能使下属随时感受到你传递的温暖，从而丢掉包袱，激发工作的最大积极性。

除此之外，领导还要有足够的“外交”技巧，即适时给予奖励，鼓励团队成员努力工作。如果公司不能为他们加薪，你不妨自掏腰包请大家出去吃一顿饭。试想，你如果真能成为一位得人心又善于笼络感情的上司，还有什么事情办不成呢？何况，即便你是别人的顶头上司，有很大的权利，也总有请求下级帮忙办事的时候。所以，请下级吃饭要以情动之，谨慎应酬。

宴请重要客户要讲究档次

重要客户是公司利润的主要来源，更是公司稳定发展的基本保障。对于重要客户来说，东西好不好吃不那么重要，重要的是吃东西的环境和档次一定要高，要讲究排场。因为讲究排场才能说明对客户有足够的诚意和尊重。邀请重要客户吃饭，首选四星级以上的饭店。一般来说，海鲜类餐厅、日本料理、法式大餐等常是首选。在国内，这些字眼儿几乎代表了餐厅的高档和菜品的考究。上述饭店通常环境高雅，装修豪华气派、富丽堂皇。而且，这些地方还有许多舒适的单间、雅座，保证与客户的沟通不会受到外界的干扰。

对待未来客户要讲究舒适

如果是对待未来客户，那么一定要讲究舒适。未来客户是生意场上的潜在客户，他们可能今天还不是你的财富来源，但是明天很有可能让你赚到钱。对于潜在客户来说，接触、交往和交流显得更为重要。比如通过商务宴请，让双方放下戒备，敞开心扉。所以，定期宴请未来客户可能是最好的选择。

对于未来客户，尤其是不了解他对你将会有多大价值时，你可能不大愿意为宴请而抛重金，如对待重要客户一样讲究档次和排场。但是，在宴请的安排上也要真诚相待，档次不能过低，或者为了节约而选择环境差、卫生标准低、交通不便的场所。所选餐厅的位置最好有利于客户出行，不太好找的地点最好就不要去了。对于菜品，可以不太贵，但应力求做到新鲜和独特，比如尝试一下新开的风味餐馆，品尝新推出的菜品，都是经济实惠的选择。

对待老客户要讲究情绪的渲染

一般来讲，跟“朋友”客户吃饭没有那么多的讲究，选择中档餐厅就可以了，但务必要口味地道、环境卫生。同时，毕竟是生意上的合作伙伴，所以，在宴请上仍然要让对方感受到你的诚意。如果双方关系足够亲密，不妨邀请他到自己家中吃“家宴”，经济实惠，环境也肯定比餐厅要自由放松得多。对于双方来说，“家宴”更能加深了解和友谊，是简单却绝好的选择。

宴请客户时尽量不要带自己的爱人

因为你跟你的爱人并非从事同一个职业，在宴会上不是所有人都认识他（她）的，你会整晚夹在他（她）与客户之间。所以，还是不要带他（她）去为好。

宴请客户时要早于客户到达宴会地点

待客户到来时，把他们引荐给重要人物。进入酒店随员和上司一样要尽地主之谊，以目光和手势示意客户，请他走在前面，同时可以配合语言提示："某某经理，你先请！"

要给上司和客户的杯子里添茶水。你可以示意服务生来添茶，或让服务生把茶壶留在餐桌上，由你自己亲自来添则更好，这是不知道该说什么好的时候最好的掩饰办法。当然，添茶的时候要先给上司和客户添茶，最后再给自己添。

宴请客户时要主动去结账

主动结账时，还注意不要让客户知道用餐的费用，否则也是失礼的。因为无论贵贱，都是主人的心意。

宴请异性朋友，以礼为先

宴请异性朋友，尤其是男士宴请女士时，要特别注意礼仪，这样不仅表现了你对对方的尊重，还体现了你的涵养。

与女性约会共餐时，要注意遵守约定的时间。如果让女性在公共场合等 5~10 分钟还勉强可以接受。超过这个时间的话，就是没有礼貌。这时候应打电话事先告知，以免影响对方的情绪。

男性在女性来到餐桌边时要站立，即使在混杂的餐厅，也要稍稍提起上身，直到女士入席或者她坐下为止。在女性离开桌子时，男性也要站起来。

与异性朋友进餐还要注意以下几点：

（1）不要拿女人的事当话题，也不要在他人面前表现出怀疑其道德。

（2）应避免接触女性的身体。

（3）不要谈让女性尴尬的话题。

（4）要用比平常音量稍大的音量和女士说话，不要过于亲昵地说话，也不要越过大厅，大声呼叫女士的名字。

（5）在洽谈业务的场合中，可由女性付款；而邀请女性参加社交餐会时，全部费用应由男性负担。

（6）如果女性邀请男同事去酒吧喝酒，或者去餐厅吃饭，则应该由女方付账。即使这位女性是位刚从学校毕业、初出茅庐的年轻人，而她邀请的同事很有钱，也不应改变这条规则：谁邀请对方，谁就该付账。

（7）第一次约会如果是由女方提出邀请的话，谨记一切支出费用都应由女方支付，包括晚餐、门票、停车费、交通费等，至于以后的约会费用该如何分担，就由自己去斟酌了。

点菜时，征求一下客人的意见

宴请之际，主人一定要了解客人的口味。国内客人的口味特征大致为东辣、西酸、南甜、北咸。宴请时要根据客人的具体情况点菜。

点菜时，我们一般都会有礼貌地征求一下客人的意见，但怎么问大有讲究。有经验的人有两种问法：一种是封闭式问题。比如，“来条草鱼还是鲤鱼”如此在两者之间进行选择，大大缩小了选择的余地。又如，“喝茶还是喝咖啡”，就是告诉对方，你不要喝酒。而另外一种问法是问开放式的问题。比如，“您想喝什么酒”，由被问者自由选择。此外，需要注意的是，一定要了解客人不吃什么，尤其注意不要犯宗教禁忌或民族禁忌。

优先让领导点菜

和领导一起吃饭时，往往是领导一个人说了算，决定大家吃什么菜，而部下通常异口同声说“都行都行”“什么都行”，将选择权拱手让出。当然，也有那种宽厚的领导，让大家群策群力，想吃什么就说，或者索性放手让手下人去点菜，毕竟吃饭不是什么原则问题，轻松一点才好。不过，和领导一起吃饭还是应该优先考虑让领导点菜，这是职场中的一门艺术。

“女士优先”同样适用于点菜上

在当今世界，除了少数地方外，在一些较正式的场合，“女士优先”这句话可以说是放之四海而皆准的，女宾点菜亦成为当今的一种时尚。男女在餐馆、饭店约会，点菜时应让女士先点，尊重女士的意见。在西餐厅，如果女士对吃西餐已经轻车熟路，那就大大方方点好了。当然，要不时征询一下对方的意见。但如果不熟悉西餐的点法，菜单又全是英文，女士可以坦率而诚恳地说：“你来点吧，你熟悉，我相信你点的菜很美味。”

亲朋好友吃饭，轮流点菜最佳

亲朋好友一起吃饭，大多是一人点一个菜。不过，如果大家都不爱吃你点的那道菜的话，你就有责任吃掉三分之二。点菜吃饭是个人行为，和工作不一样，每个人都有自己的机会和选择权，不必有太多的顾虑。

不可穿制服赴宴会

参加私人宴会穿制服，给人以公事公办的印象；参加公务或商务宴会穿制服，给人以装模作样、煞有介事的印象；参加社交性宴会穿制服，给人以"揩油"的印象。穿制服参加宴会，不仅无法穿出你工作场合外的个人形象，也不利于你保持自己良好的职业形象。穿着制服办私事是违反职业规定的，对于你的职业来说是为其抹黑。在与工作无关的场合穿制服，无可置疑地显得滑稽。

穿制服赴宴给人以虚伪、做作的感觉，让人难以放松地展开私人交往，于公于私都是不礼貌的。

温馨提示

·参加任何形式的宴会，都应避免穿制服。

·参加大型正式宴会时，应穿礼服。

·参加小型的私人宴会时，应穿整齐大方的服装。

赴宴时要脱帽

赴宴时不脱帽就像握手时不摘手套一样失礼。

赴宴时不脱帽，给人一种我行我素的感觉，对主人和其他客人都显得不敬，对方会认为你不把别人放在眼里。赴宴时不脱帽，会让人觉得你不愿意参加宴会，只是来这里转一圈，会马上离开。当你作为贵宾出现在大家面前时，不脱帽给大家的印象是"极度自恋"。

温馨提示

- 赴宴时，不应戴着帽子进场。
- 赴宴时，应将帽子放在指定位置。
- 赴宴时如果戴着帽子，见到主人和其他宾客应脱帽致意。

赴家宴要带礼品

赴别人的家宴不带礼品有点说不过去。

家宴是比较隆重的，通常只针对关系很好的人们。别人请你赴家宴是看得起你，说明对方比较重视你，重视与你的交往。有些国家有赴家宴携带礼物的习俗，如日本。如果你未带礼物，对方会对你很失望。在节日期间赴家宴不携带礼物，显得不遵循节日礼仪。在平常的日子参加别人的家宴，如果其他客人都带了礼物而你未携带，容易给别人留下一毛不拔的印象。

温馨提示

- 赴亲友、熟人的家宴时，应避免携带太贵重的礼物。

·准备礼品时，可选择符合主人喜好的鲜花、自己家乡的特产等。

·赴家宴时，所带礼物应该实用并精心包装。

赴宴时不可携带未受邀请的宾客

赴宴时绝对不应该携带未受邀请的宾客。

携带未受邀请的客人赴宴，会给主人增加额外的负担，也许主人必须因此而额外准备座位和食物。携带未受邀请的客人赴宴，给人一种占便宜的印象。如果主人的宴会对客人的身份、地位和人数有特别严格的限制，你带一个与主人宴会毫无瓜葛的人做伴，无疑是对主人尊严的轻视，你还可能因此而导致与主人关系恶化。如果你携带的客人恰好很缺乏自知之明，大声喧哗、扰乱别人心情不说，别人因而认为你也是如此没有教养的人。

温馨提示

·赴宴时不要携带不在邀请范围之内的客人。

·赴宴时如果想携带其他人，应事先征求主人的意见。

·赴宴时尤其不应携带与主人关系不好的宾客。

入席后要跟陌生邻座打招呼

参加任何性质的宴会，入座后如果自己身边的邻座是陌生人，不与其打招呼都是不对的。

俗话说“来者皆是客”，既然坐到一起，必然都是主人的客人，当然彼此也有可能成为朋友。在公共场合遇到陌生人，有时候尚且需要一个微笑，在参加同一个熟人举办的宴会上，难道不更应该给邻座一个问候的微笑吗？如果入座后面若冰霜，而后主人恰好要介绍你们相互认识，彼此必定会遭遇尴尬。

即便是为了保持你的优雅风度和证明你有涵养、平易近人，也不该对宴会同桌上的陌生邻座不理不睬。

温馨提示

·入席后应和同桌而坐的人们打招呼问好。

·入座后邻座主动向自己问好时，应及时而礼貌地回应。

·入座后面对陌生邻座，态度应热情而从容。

打喷嚏要背转身

不要对着桌面打喷嚏。

从医学卫生角度而言，对着桌面打喷嚏会使你的废气废口水以超高速飞溅到大家身上，融入餐桌周围的空气里。这个情景想象起来就让人觉得可怕且恶心。从礼仪角度来讲，对着桌面打喷嚏是没教养和自制力差的表现。这会给大家带来不愉快的气味和声音，让大家同时感觉到身心的不适。如果你打喷嚏的同时还流鼻涕、流眼泪，这是对自己公众形象不负责任的表现。无论你身份地位如何，这个喷嚏都必定会让你大丢脸面。

温馨提示

·打喷嚏时，一定要背过身去，并用纸或手绢掩住口鼻。

·打喷嚏前后，要向在座者道歉。

·打喷嚏后应该洗手，应避免擦完鼻子就上桌。

不可只挑自己喜欢的吃

在宴会上只挑自己喜欢的吃，这种行为绝不提倡。

在别人的家宴上只挑自己喜欢的吃，主人会认为你对他做的菜不满意，还可能因为自己招待不周而感到愧疚；在别人的商务宴请上只挑自己喜欢的吃，对方会觉得你太过自我，对别人态度不恭敬；在朋友聚会上只挑自己喜欢的吃，会给人以不把别人放在眼里的印象。

温馨提示

·与别人吃饭时，要避免只挑自己爱吃的，而应每样菜都吃一点。

·遇到自己爱吃的菜，不要一下子拨一大堆到自己碗里，更不要最后剩下很多。

·遇到不喜欢的菜，不要表现得非常厌恶。

不宜在宴会上接电话

在宴会过程中接电话是不礼貌的。

在公务或商务宴会上接家人或情人的电话，且在自己的座位上大声说话、不避人，这样既显得张扬，又显得不把旁边的人放在眼里，还会让别人因为听到你的私事而感到尴尬。在家宴、朋友的私人宴会上接公务电话，且不做任何掩饰或道歉的表示，会有炫耀之嫌。别人也会因为不得不暂时停止说话从而替你制造一个安静的通话环境而陷入冷场。

温馨提示

· 在宴会上接电话，应起身离座，并避免长时间接听。

· 在宴会上接电话时应避免高声，更不要夸张。

· 在宴会上接电话时应避免边吃边接。

不可起身去夹离自己很远的菜

在宴会餐桌上起身去夹离自己很远的菜是错误的。

起身去夹离自己很远的菜，如果你心里着急吃不上，怕别人抢光，别人会为你“以小人之心度君子之腹”而轻视你的为人；如果你是因为想迫切品尝菜的味道，你的动作会引起别人的注目和暗自嘲笑。抛开个人形象不说，起身夹离自己很远的菜，很容易打扰、碰撞别人。只为早点夹到一筷子菜而不顾可能将食物撒到别人身上的危险，这样做没有人会觉得你礼貌。

温馨提示

· 如果某种菜离自己很远，应待其转到自己面前时再夹。

· 夹菜时，不要站起来夹。

· 对于自己够不着的菜，宁可不吃也不能伸长脖子和手臂去夹。

要吃完自己碟中的菜再重新夹菜

参加婚宴、寿宴等宴会时，不难在餐桌上看到自己碟中菜尚未吃完就重新夹菜的人。因为人多嘴多，慢一秒，有的菜就吃不着了——这种想法可以理解，但是这种行为不礼貌。

自己碟中的菜未吃完就重新夹菜，会让人觉得你贪心不足，没吃过好东西，没见过世面。如果你是长辈，必然无法在晚辈面前树立起一个深谙礼节的好形象；如果你是晚辈，必然会给长辈留下一个不懂得尊重长辈的糟糕印象。如果你最后什么菜也没吃完，剩一堆在碟子里，有的人却什么也没吃到，你必定会给人留下自私的可恶印象。

温馨提示

- 每次夹菜前，都要保证自己碟子里已经吃完。
- 自己夹菜时要“量力而行”，应避免夹得过多而造成浪费。
- 夹菜时动作应有分寸，避免慌张。

不可将夹起的菜重新放回盘中

在众人聚集的宴会上吃饭夹菜时，千万不要把夹起的菜重新放回盘中。

夹了一大筷子鱼香肉丝，还没夹到自己碟子里，因为觉得颜色太红了，就“啪嗒”一下扔回菜盘子；好不容易从一只烤鸭身上撕了一块肉，刚好有一盘新菜上桌，就立刻将鸭肉放回菜盘……这样的做法实在令人不齿。使用公筷也好，使用自用筷子也好，没有人愿意吃别人夹过又放下的菜，因为那样给人的感觉恰似吃别人的剩饭。

温馨提示

·夹起菜后应该放在自己面前的小盘里。无论是因为不爱吃还是别的原因，都不能放回菜盘。

·夹菜时应避免夹不牢掉落盘中。

·夹菜时应避免太过急速。

餐桌上剔牙要避人

在宴会餐桌上，大家都很烦剔牙不避人的行为。

在餐桌上剔牙不避人，会使你精心营造的外在形象顿时黯然失色；会令同桌客人厌烦、心里不适，也会使其他餐桌上的客人感到恶心，甚至会将你视为你所在餐桌客人的代表，从而认为你所在餐桌的所有客人都素质低下。

温馨提示

·在餐桌上剔牙应避人，更不能当着众人将剔出的食物放在手上验看。

·在餐桌上剔牙时，应该用餐巾或手适当遮掩口部。

·剔牙时，不要将污垢吐到桌上或地上，而应用纸巾包起抛入垃圾桶。

宴会开始后才可动筷

参加宴会时，从许多细节中都能看出你懂不懂规矩，有没有涵养，甚至值不值得别人信赖和交往。

宴会还未开始就动筷，想必你不是饿极了就是没见过餐桌上的美味。宴会未开始就动筷，给人的感觉是你参加宴会的唯一目的就是吃，这是不把宴会主人放在眼里的表现。宴会的一大功能就是帮助社交，展开交际，如此着急地吃，难道你就不想想在座的长辈或女性吗？如此表现，怎么能体现出礼仪的内涵呢？

温馨提示

·宴会时主人未动筷，自己不要下筷子。

·当主宾动筷时，自己才能下筷子。

·宴会未开始时，不要不停地把玩筷子。

吃中餐时不可嘬筷子

吃中餐时嘬筷子的行为要不得。

吃饭时不停嘬筷子，哪怕是筷子尖上沾的一点汤或残渣也不肯放过，给人的感觉是你没吃过好吃的饭菜——饿疯了。与重要客人共餐时嘬筷子，对方会觉得你是用此举来抬高自己、贬低对方。如果你陪同的客人是外宾，你的脸面就丢出国门了。

温馨提示

·吃饭时不要嘬筷子并发出响声。

·在餐桌上与人交流过程中、短暂思索时，不要将筷子放在嘴里。

·不要刻意吮吸筷子上沾的汤汁或菜渣。

吃中餐要注意筷子不可乱用

在中餐宴会中，筷子是必不可少的工具，也是体现中国传统饮食礼仪的重要载体。如果使用筷子不当，就会留下笑柄。

在中餐宴席上用筷子敲杯盘碗碟，是扮演乞丐、令主人难堪的表现；吃中餐时把筷子竖着插在饭菜上，在中国传统习俗中，只有给死人上坟才这样做；在中餐宴会上将筷子一横一竖交叉放在碗碟上，同样是很不恭敬的做法。中国传统中，筷子的用法是一门很深的学问，就像西餐中的餐具不能乱用一样。吃中餐乱用筷子，既是对饮食文化的亵渎，对宴会主人的侮辱，同时也是对自己形象的破坏。

温馨提示

· 筷子不能将大头和小头两端颠倒使用，更不能一根大头朝上、一根小头朝上。

· 筷子不用时，应该放在专用的筷托上。

· 筷子横放是表示已经吃完的意思；中途不用时应对齐竖放。

不可用筷子剔牙

在餐桌上，一定别用筷子剔牙。

就像咖啡勺只能用来搅咖啡而不能用来舀咖啡，筷子是用来吃饭的，而不是大号牙签，滥用筷子是不合礼仪的。无论在什么性质的宴会上吃饭，用筷子剔牙都会给人留下不修边幅的印象。如果你出席家庭宴会，而主人用上等竹筷甚至象牙筷来招待你时，你用筷子剔牙，简直是“暴殄天物”。相信主人再也不愿意使用你剔过牙的筷子，也不愿意把你当作贵宾招待了。

温馨提示

·应该使用专门的牙签剔牙，并避开众人。

·剔牙应在饭后，并且不要剔个没完。

·筷子除了夹菜用，不应该当作“指挥棒”“节拍器”等其他工具。

交谈时不可挥舞筷子

有的人在宴席上总觉得有发挥不完的豪情，边吃边说，边说边拿筷子当辅助工具，狂挥乱舞，大有一副指点江山的架势。这是错误的。

在餐桌上交谈时挥舞筷子，容易将食物残渣甩到桌上或别人身上，如果你的筷子戳到别人身上就是“人身攻击”。挥舞着筷子说话，想必你有很多激动人心的言论。无论如何，交谈时挥舞筷子看起来都是滑稽、浅薄、无聊的行为。

温馨提示

·在餐桌上与别人交谈时应将筷子、勺子等餐具放下。

·与人交谈时，不要将筷子等餐具当作抒情道具。

·不要用筷子指人。

宴会上不宜与他人交头接耳

参加宴会时在餐桌上交头接耳可不是好习惯。

与自己身边的熟人邻座交头接耳，其他相对陌生的客人会显得受到冷落；与自己身边的陌生邻座交头接耳，别人会觉得你自来熟、热情过度。在餐桌上和别人说悄悄话，会给人一种背后讲别人闲话的印象。如果你恰好与别人交头接耳的内容是对某人发表评论，无论你的观点对被评论者是好是坏，你爱“嚼舌头”的名声都必定是打出去了。

温馨提示

·宴会上，不要与别人做神秘状笑声谈话。

·在宴会过程中，不要和别人对某人指指点点。

·宴会上，不要与别人长时间议论其他人。

别人敬酒时不可只顾自己夹菜

在酒桌上，少不了推杯换盏，你敬我、我敬你。别人向你敬酒时，可千万要提高自己的注意力哟！

晚辈郑重地向你敬酒，你却眼见对方擎起杯子，仍不慌不忙地夹一口菜吃，对方一定会怀疑自己是否敬错了人或者举杯的时机不对，也可能想：这人怎么这么不给面子？同事向你敬酒，你却一边举杯，一边将筷子伸向菜盘，对方一定会觉得你对他有成见，以此向其表示不满或轻蔑。

温馨提示

·别人敬酒给自己时，应举杯回应对方。

·当别人敬酒时如果自己正在夹菜，应立即停止。

·别人快敬到自己时，应停箸提前做好准备。

在中餐宴会上不可只吃饭不说话

在中餐宴会上闷头吃饭、一语不发是不对的。

中餐宴会的实质就是展开交际，增进彼此感情，不说话是大忌。只吃饭不说话，一来会给人以不擅交际或故作清高的印象，容易被认为是个人不良情绪的当众宣泄；二来会使现场气氛冷场，甚至陷入尴尬；第三会让想结识你的人摸不着头脑，不知道该如何与你交往，甚至对你望而却步，丧失与你交往的兴趣。如果宴会上有贵宾，你的沉默很容易引起对方的疑心和不快，觉得你在给对方脸色看。

温馨提示

·即使筵席上没有自己熟悉的人，也不应沉默到底。

·别人与自己交谈时，应礼貌回应。

·聚餐的主要功用和目的应该是交际，而不是吃饭。

不可随便转动餐桌

随时随意转桌绝对不受欢迎。

新上的菜，长辈或主宾一口都没吃到，你就转桌自己先下筷子，别人会觉得你不懂得尊重人，不懂得礼节；别人正在举杯祝酒，你转桌吃菜，别人会觉得你目中无人；别人正在夹菜，你转桌是在给夹菜的人捣乱，给人的感觉是你成心让他夹不着或者夹不牢；众人正在就某事停箸讨论，你却旁若无人地转桌准备夹菜，明显是对吃菜的兴趣大过对与大家交往的兴趣。

随时随意转桌，显得过于自由，这非但不便于制造轻松随意的气氛，更容易给大家带来疑惑和尴尬。

温馨提示

·转桌要找没有人正在夹菜的时机。

·不要待主宾还未品尝第一道菜时转桌。

·转桌时，如果有必要，应先用语言或眼神、动作向大家提示一下。

不可结伴提早离席

在宴会上觉得自己吃得差不多了，想去办别的事情，又不愿单独离开，于是怂恿三五个人一起做伴提前离席。这是不对的。

参加别人的家宴也好，参加单位举办的节庆宴会也好，或者参加友邻单位的便宴，都不应结伴提早离席。宴会的性质不同于鸡尾酒会，不能想什么时候来就什么时候来，想何时走就何时走。提早离席已经是散漫的表现，结伴提前离席更是对宴会举办者公然的恶意叫板。

温馨提示

·参加宴会时，应避免提前离开。

·有必要提前离开时，不要找一个甚至几个同伴一起离开。

·提前离开时，应尽量从侧门离开。

不可端着盘子喝汤

端着盘子喝汤给人以不雅的印象。

端着盘子喝汤，首先从视觉上给人以粗俗、随便的印象，显得与温文尔雅的西餐环境不相融合；其次，端着盘子喝汤容易导致汤洒落出来，落到桌上会使你显得慌乱，落到其他盛器中会影响食物的味道，洒到自己身上会使你显得狼狈不堪，洒到别人身上会使大家尴尬。如果对方的衣服很贵，你可是脱不了责任的。

如果汤是盛在有柄的杯子中的，刚开始喝汤就端着喝，会给人以性急的印象。因此，汤喝掉一部分之后，才可端着杯柄喝。

温馨提示

·喝汤时应用勺子从外向内舀着喝，不能端起来喝。

·喝汤时应将汤匙底部放在下唇位置，使其与口部约成45度角，头略向前倾。

·汤快喝完时，可用左手将碗的一端略微抬高，仍然用汤勺取用。

参加西式宴会告辞要看主宾行事

参加西式宴会时什么时候告辞，千万别任由自己决定。

主宾谈兴正浓，你突然提出要走，主宾会觉得你暗示对方停留时间太久，应该走人了，同时主宾会怀疑你嫉妒对方、想故意使对方丢面子。在主人看来，他会为你冒犯了主宾而感到不自在，也会为你不识抬举而感到这次宴会举办得不够圆满；其他客人会觉得你给宴会的和谐气氛泼冷水，同样会觉得不悦。

温馨提示

·参加西式宴会时，主宾告辞后普通客人才能告辞。

·如果必须先于主宾告辞去处理急事，应向主人和主宾恳切地说明原因。

·参加西式宴会时，应在宴会的结束时间到来前及时告辞。

不可用咖啡勺喝咖啡

用咖啡勺舀咖啡喝，会招人笑话的。

看一个人如何喝咖啡，能看出这个人对咖啡文化了解多少、是否懂得咖啡礼仪。用咖啡勺舀着喝咖啡是无知的表现。在有些人看来，这是装模作样、不懂装懂。当你在聚会上高谈阔论时用咖啡勺喝咖啡，即使你言论再高明、外表再无懈可击，也难以赢得他人的由衷认同。

如果你不太清楚该怎么用咖啡勺，宁可先看别人怎么用，也不应自以为是地拿咖啡勺舀咖啡喝。

温馨提示

·咖啡勺是用来加糖和搅拌咖啡的，而不是用来盛咖啡入口的。

·喝咖啡的时候，应将咖啡勺取出放在碟子上。

·咖啡勺不能一直放在咖啡杯里。

不可吹气为咖啡降温

喝汤喝水时如果太烫，会很自然地想到用嘴吹气降温，但喝咖啡的时候用吹气的方法降温就有失你的大好形象了。

咖啡代表着一种文化，传达着人的品位和修养，喝咖啡时就不能在举止上马马虎虎。用嘴吹气很不雅观，还容易在咖啡里溅入自己的唾液，或者使咖啡溅出杯子。

礼仪一方面是为了表达对别人的尊重，一方面是为了塑造自己的形象。不要用吹气的方法为咖啡降温，这是违背约定俗成的规则的。

温馨提示

·咖啡应该令其自然降温或用专用小勺搅拌降温。

·喝咖啡时，不应大口大口地像解渴一样地喝，而应动作轻缓、小口小口地喝。

·咖啡如果太热，可以暂时放置。

坐着喝咖啡时不要连碟一起端

坐着喝咖啡时，不要连着碟子一起端起来。

咖啡碟的作用是防止咖啡溅出来。坐着的时候人们通常稳当得很，根本不用担心咖啡会洒出来。将咖啡碟子一并端起来，给人一种煞有介事、故意引人注目的印象。就像不用戴着手套吃饭一样，坐着喝咖啡时连碟一起端是没有必要的，也是不礼貌的。

温馨提示

·坐着喝咖啡时，只需端起咖啡杯。

·喝咖啡时，应用拇指和食指捏着杯把将咖啡杯端起。

·参加鸡尾酒会等较为随便的活动或坐在面前没有桌子的椅子上时，可以左手端碟、右手端杯。

切忌左手咖啡，右手甜点

左手咖啡，右手甜点，想象一下，你不禁感叹：潇洒！享受！其实这么做是不合礼仪的。

假设你到外国朋友家做客，主人亲自为你煮咖啡、烤制甜点招待你，而你一手端咖啡、一手拿甜点，喝一口咖啡、吃一口甜点，主人一定会觉得你太缺少修养，不尊重他。咖啡和甜点各有各的滋味，混着吃喝会影响二者的纯正味道，并且边喝咖啡边吃甜点还容易使甜点残渣混入咖啡杯。

温馨提示

·喝咖啡的同时不应吃甜点。

·喝咖啡和吃甜点可以交替进行。

·通常人们在吃完甜点后上咖啡。

第七章

20 几岁要懂得的生活礼仪

拒绝约会时尽量详细说明理由

如果你对邀请你约会的人不感兴趣或者不想接受这个约会，你应该怎么做？同样，尽可能详细地回复对方。如果你只是回复："嗯，我那天晚上很忙。"这样只会给对方再一次邀请你外出约会的机会。这种时候明确地回答对方你并不想和他约会或许是更好的答案，但是也不要太直接，你可以说："谢谢你的邀请，但是我已经和别人有约了。"或者："谢谢你的邀请，但是我现在并不想约会。"

温馨提示

· 当你要拒绝约会时，最好给人一个充足的理由，即使编造一个理由也比生硬地说"不"好。

· 如果你本想去约会却碰巧没有时间，可以请求对方换一个时间。

公共场合的情感表露要有所节制

无论你们彼此之间有多么相爱，你都必须控制自己在公共场所的情感宣泄。当然，在公共场所牵手、搂肩、快速地拥抱或者亲吻都是可以的。然而，不要在公共场所做一些只能在卧室里出现的行为，比如互相抚摸或者深吻，这非常不礼貌。

也许联谊会是唯一人们不会在意直接表露感情的场所，因为那时每个人都有一点点醉意。但是如果并没有这样的酒会，你也不是联谊会的成员，只是在家里举行的聚会，即使你和爱人多么情意浓浓，也必须把手老老实实地放在自己的身边。你们可以不时地亲吻对方的脸颊或者快速地拥抱对方表达彼此的情感，但是你不应该在客人周围热烈地亲吻。

如果你的客人感情表露得过于直接，你该怎么办？当然，你不能走向他，然后说："到房间里面去。"当他们结束亲热时，你可以把他们其中一个叫到旁边，然后说："不好意思，我不太习惯你们在旁边如此热烈地表达感情。你们是否介意稍微平和一点？"他们可能会给你一个道歉式的拥抱或者愤怒地离开。无论哪种方式，你都达到了自己的目的。也许下次你安排聚会的时候，可能要考虑邀请一些不会在聚会上亲热的朋友。

温馨提示

·情侣之间不可在公共场合做一些过于亲密的举动。

·如果你的客人在聚会上公开热烈地表露情感，可以等他们停下后再提醒他们。

友好分手

有时候，尽管你的初衷是好的，但是到最后却不得不和对方结束关系。分手从来都不是简单的事情，但是如果你的心已经不在这个人身上了，最好不要拖着他（她）太久。

有哪些信号暗示你应该和对方说分手或者暗示你将要被抛弃了呢？

当对方给你电话的时候，你再也没有激动的感觉了。

你开始逃避两个人之间的通话了。

你开始想要取消固定时间的约会，或者对方经常想要取消和你的约会。

你感觉不到乐趣。

你怀疑他和别人约会，或者你对和其他人约会也感兴趣。

和其他很多事情一样，说分手的最好方法不是你从他（她）的生活中消失，而是交流沟通。告诉他（她），你为什么不想和他（她）约会了，但是不要涉及一些伤害他（她）的自尊和感情的细节。有时候为了顾及对方的感受，你必须隐瞒事情的真相。下面是一些步骤供参考。

尽量和对方面对面讨论。正如你不想用邮件来邀请某人外出，也不应该让高科技来代替你说分手。

先说一些积极的事情，比如："上几个礼拜和你一起外出游玩觉得非常有趣。"

直接告诉对方你想要分手。一般来说紧跟着上面那个短语的往往是："但是，我认为我们最好不要再见面了。"

如果你觉得有必要，可以为自己伤害了他（她）的感情道歉。

你可能想和他（她）握手，然后说："希望你一切都好。"

分手最好采取直接的方式，简洁明了地把自己的观点提出来。但是不能因为这是最有效的方法，就认为是最简单的。你可能需要事先准备台词。这能够帮助你树立信心，以最礼貌的方式将分手的消息告诉对方。

有时候对方并不愿意接受这个事实，但是你必须坚持自己的决定。不要让任何人劝服自己去做任何自己不愿意做的事情，比如继续和对方约会。

不要传递模糊的信息让对方不能轻易地放下。比如说:“我们还是做朋友吧。”这暗示你仍旧想和他(她)一起约会。如果你们能够成为朋友,那当然最好了。但是如果对方几乎让你发疯,你想彻底地让他(她)从你生活中消失,“我们还是做朋友吧”这句话就行不通了。你需要更加彻底地表达自己的意思,比如:“我们最好不要再见面了。”

温馨提示

·如果你从彼此的关系中已不再感觉到乐趣,那就不必再浪费彼此的时间,友好地提出分手吧。

·当你决心与对方分手时,态度要坚决,不要模棱两可。

不可滥送红玫瑰

红玫瑰虽然美丽可爱,却不是任何人都能送出、任何人都能接受的。

红玫瑰是爱情使者。男性向普通关系的女同事或女上司送红玫瑰,有谄媚和调情之嫌;男性上司向女性下属送红玫瑰,有骚扰和胁迫之嫌;男性客人向已婚女主人送红玫瑰有向男主人示威之嫌;男性第一次与女性见面送红玫瑰,对方会觉得你莽撞、粗鲁。滥送红玫瑰给人一种轻佻、低俗的印象,并且很容易引起误会,造成不愉快。

温馨提示

·红玫瑰只能由男性送给恋人、爱人和情人。

·送花应该事先知道“花语”，并根据对方的喜好和年龄选择。

·送花应该根据对方的身份、地位和职业、国籍进行选择。

送花要数枝数

送花的学问很多，选好品种不算万无一失。若不注意花的枝数，是失礼的。

在花朵的世界里，不同的数字代表不同的含义。也许有的人不在乎花多花少，只要是花就高兴。但对于懂花的人来说，胡乱决定花的枝数可就是不友好的表现了。本想用玫瑰表达爱情，却送出了表示分手的17枝，对方一定不愿再理睬你；本想用樱花向日本友人表示友情，却送出了暗含诅咒“死”的4枝，对方一定感到生气而难以理解。

送花不数支数，会让传达良好祝福和心意的花变成关系破裂的“肇事者”，怎么能符合礼仪呢？需要提醒的是，花朵的品种和颜色也需要事先了解才能送出，否则也会出错。

温馨提示

·送花前要知道花的品种和枝数代表的含义。

·送花应根据受礼人所在国籍或民族的习惯来确定支数，如西方人送花一般送单数。

·花的枝数应该避免不吉利的数字，如13。

选送礼物要打包装

送礼物却不打包装，这让受礼人多少会感到遗憾和不满。

送礼物不打包装，会让人觉得送礼人太过匆忙，礼物并非精心选择，而是随便买了一个就拿过来；送礼不打包装，会让人觉得送礼人对受礼人不太重视，有敷衍对方的嫌疑；送礼不打包装，会让礼物缺少美感和正式、庄重的味道，再高档的礼物也会因为没有包装而降低品位；送礼不打包装，别人一眼就会看出礼品是什么，不具有私密性，有招摇之嫌。

温馨提示

- 送出的礼物应该有适当的包装。
- 礼物的包装应该根据礼物的风格和材质进行选择。
- 礼物的包装应注意色彩搭配。

送礼要根据不同的对象而有所区别

你身在异地，每年给家人寄一包土特产，连包装和分量都不变，家人一定会觉得你太不懂得挂念亲人；看望亲戚，给对方全家每个人一件规格相同的小礼物，没有任何区别，对方一定会想：这家伙从批发市场买东西糊弄我们。

送礼千篇一律，就无法传达出礼物所应传达出的期待和惊喜，无法充分表达出送礼人的情意；送礼千篇一律，在别人看来是虚伪和走形式的表现，而不是真情流露。

温馨提示

·连续给同一个人送礼时，不要让每次的礼物都完全一样。

·送礼给一个集体中不同的人时，应选择不同的礼物。

·送礼给性格不同的人时，礼物也应不同。

送礼要讲场合

送礼不能不讲场合，否则送礼不成反倒惹出麻烦。

从老家带来一堆土特产，如果趁朋友上班时间直接送到对方单位，则既干扰朋友的工作，又使其违反办公室工作原则。别人即使不认为你是在行贿，也会借机把你送给朋友的礼物分走一部分。把代表集体的公务礼品神神秘秘地送到客户、同行主管的家里，礼物就带上了强烈的私人色彩，从而显得暧昧。对方也难免感到莫名其妙，因此而生气也说不定。

送礼如果不讲场合，就难以使礼物发挥作用，也难以使送礼者的好意得到体现和承认。

温馨提示

·公务礼品应在公开场合送。

·私人礼品应在私下送出。

·公务礼物不能以私人的名义当作私人礼物送。

不可当着几个人的面给一个人送礼

当着几个人的面给一个人送礼，如果那个人是你的师长、你已经确定关系的恋人，也许这么做会让礼物更显得贵重。但如果受礼人和其他在场的人与你的关系相当，这样做就不妥了。

当着几个普通同学的面送礼给其中之一，会引起别人的疏远和嫉妒；当着几个同事的面只送礼给其中一个，其他人会认为你们有什么特别的关系，如果对方是异性，你无疑是给自己制造绯闻。当着几个人的面给一个人送礼，会让受礼人感到尴尬，不利于你和其他人关系的进展。

温馨提示

· 不要在几个关系一般的熟人中间只给其中之一送礼。

· 带有私密性质的礼物不要当着众人的面送出。

· 不要在地位相当的熟人中单独给其中一个送礼。

给病人送礼要考虑对方需要

说起给病人送礼，不考虑对方的需要而从自己的想法出发是错误的。

送鸡蛋、水果、滋补汤之类的食品给不能进食的病人，似乎是在用这些东西引诱他；送恐怖小说给需要良好睡眠的病人，等于是想加重他的病情；送含糖量高的食品给糖尿病病人，只能说明你的无知或恶意。

给病人送吃的，不要以为越有营养越好，因为有的病人不适合，有的病人甚至任何食物都不能吃；给病人送用的、玩的，不要以为越新奇越好，因为有的病人不能有激动情绪。不加考虑地送礼给病人，最糟的结果就是适得其反。

温馨提示

·送给病人的礼物应该对他的健康恢复有帮助。

·送给病人的礼物应该不犯对方的禁忌。

·送给病人的礼物应该有助于他心情的愉快。

礼物上不可留有价格标签

送给别人的礼物上不要留着价格标签。

送给别人的礼物上挂着价格标签，有炫耀、要求对方交换的嫌疑；送给别人的礼物上挂着价格标签，让人感觉更像商品；将留着价格标签的礼物送给别人，显得你挑选礼物不够仔细，送出礼物时不够真诚。如果对方看到礼物标签上高昂的价格，还可能因为觉得受之有愧而拒绝接受，这样对送礼者与受礼者来说都是尴尬。

温馨提示

·对于送出的礼物，应将其价格标签撕毁并消除痕迹。

·送出礼物时，不要提及它花了多少钱。

·送出礼物时，不要强调它的价值，而应强调它所承载的情谊。

收到礼物切忌说："这东西很贵吧（或当场表示不喜欢）！"

没有一个送礼者希望受礼者讨厌自己送出的礼物，也没有一个送礼者愿意听到受礼者不满的话，看到受礼者揶揄的表情。如果你拿着送礼人的礼物客气地说："这很贵吧！"其实在他听来你是在说："这么烂的东西，一定很便宜吧！”如果你当场表示不喜欢，那么简直是等于判了送礼人的“死刑”，他以后必定再也不愿意送你任何礼物了。

别人送你礼物说明对方尊重你、关注你。辜负他的好意、不回应他的礼貌表示必定不合礼仪。

温馨提示

·收到礼物后，应当场表示欣喜和谢意。

·收到礼物后，应该欣赏后妥善放好。

·收到礼物后，应该及时回礼。

对礼物的赠送者表示感谢

收到礼物后，无论你对礼物的评价有多么的低，也必须向赠送礼物的人表示感谢。要对自己准备扔掉、收拾起来或者打算退回的礼物表示真诚的谢意，或许比较困难，但是你还是必须寄出感谢信。你可以按照常规的写法来表示谢意，同时感谢对方记住你的生日。

如果你想要和丈夫或者妻子保持良好的关系，不要忘记你们的结婚纪念日。如果你有可能会忘记这些重要的日子，提前在日历上做个标注。这样能够帮助你记住这些日子，也能够帮助你避免结婚纪念日是在沙发上度过。

温馨提示

·即使你收到自己不喜欢的礼物，也要对赠送者表示感谢。

·对一些有特别纪念意义的日子，可以提前在日历上做好标记。

参加婚礼不可穿得比新娘还艳

参加婚礼穿得绝不能比新娘还艳。

伴娘穿得比新娘还艳，就会抢了新娘的风头。如果别人误以为伴娘是新娘，恐怕新娘一辈子都会厌恶伴娘。普通女性参加婚礼时穿得比新娘艳，也会导致同样的结果。在别人看来，也许你恰恰是想借这一做法发泄自己与新人的宿怨，或者是居心不良、勾引新郎。

如果你是男性，穿得比新郎还帅，不用说也是错误的，不合情理的。因为，如果你穿得衣冠楚楚，看上去比新郎还酷，在婚礼上就会抢了新郎的风头，引人注目，一般婚礼参加者还以为你就是新郎呢。

温馨提示

- 参加婚礼时，应避免穿大红色或白色衣服。
- 参加婚礼时，女性应避免穿得暴露。
- 参加婚礼时，女性应避免穿和新娘款式相似的衣服。
- 参加婚礼时，女性不宜过分化妆，如描眉、涂口红等。

参加婚礼时务必摘除黑纱

有的人接到婚礼邀请函时，可能正在服丧，臂戴黑纱。如果参加婚礼时不将其去掉，就会遭到诟病。

婚礼理所应当地应该喜庆，每个参加婚礼的人都理应为新人增添欢乐。戴着黑纱参加婚礼，显然会给喜庆的场合带来压抑的气氛。在别人看来，这是对新人的诅咒，将会给新人带来“晦气”。戴着黑纱参加婚礼，容易被别人视为挑衅，会遭到别人的责骂。

温馨提示

·参加婚礼时，应将自己服丧期间佩戴的黑纱暂时去掉。

·参加婚礼时，应避免穿黑色衣服。

·在婚礼上应避免不愉快的表情举止。

·在婚礼上应避免说一些不吉利、忌讳的话。

不可频繁邀请同一个人跳舞

频繁邀请同一个人跳舞是“非正常现象”。

频繁邀请同一位女性跳舞，如果对方有男士陪伴，你会有骚扰或勾引女性之嫌；如果你身份地位较高，被众多观众所熟识，频繁邀请同一个人跳舞是对其他人的冷落；如果你频繁邀请的人是陌生人，对方会对你产生戒备心理；如果你频繁邀请的对象是你的上司或长辈，对方会以为你在献媚、别有企图。

频繁与同一个人跳舞而把别人晾在一边，会显得你孤僻或高傲，不容易给别人留下良好的印象。

温馨提示

·应避免每次都邀请同一个舞伴跳舞。

·不要频繁请有情侣陪伴的人跳舞。

·不要频繁邀请独处的人跳舞。

跳舞时要避免踩舞伴的脚

跳舞时踩舞伴的脚是常见现象，但跳一曲舞连续多次踩舞伴的脚，就令人难以接受了。

跳舞时总是踩舞伴的脚，会让你显得很紧张。总踩舞伴的脚，还容易让对方认为你存心找碴或者以此挑逗。在别人看来，你的动作会很滑稽，连带得你的舞伴也因为频繁被踩而失态。当这一曲结束后，相信不会有人主动邀请你跳舞，而你主动邀请别人跳舞，也十有八九没有人响应。

温馨提示

·如果自己情绪紧张或舞技不佳，应避免邀请别人共舞。

·踩了舞伴的脚之后一定要马上诚恳道歉。

·跳舞时应确保自己对舞步熟悉。

跳舞时切忌详问舞伴个人情况

在舞会上遇到一个很有风度和魅力的舞伴时，有的人就按捺不住，挖空心思追问对方的个人情况。这样做是不对的。

详问长辈的个人情况，对方会认为你有意想利用他；详问漂亮女性或大帅哥的个人情况，对方会认为你想追求她或他。

在舞会上初识舞伴就详问其个人情况，容易给别人造成负面的误解，还有侵犯隐私之嫌。没有人会觉得对他人的个人情况穷追不舍的人是懂礼貌之人。

温馨提示

·不要详细询问陌生舞伴的住址和姓名、年龄等私人情况。

·不要询问舞伴是否有伴侣。

·不要询问舞伴的个人爱好以及对你的看法。

男士不可拒绝女士的邀舞

男士拒绝女士邀舞是错误的。

女士打破男士主动邀请的惯例主动邀请男士跳舞，这行为本身就说明女士已经鼓足了勇气，说明她对自己所邀请的男士很欣赏。如果男士拒绝她的邀舞，就是对她的伤害。在舞场上，男士尤其应该表现得绅士。拒绝女性邀舞是违反绅士礼仪的，会被其他女士甚至男士所蔑视。

温馨提示

·女士邀请男士跳舞前，应首先确定没有打扰到男士与别人交谈。

·女士邀请男士跳舞时，应该态度恭敬而恳切。

·男士如果的确不便跳舞，应耐心向女士解释，而女士应礼貌而有涵养地接受。

邀舞时应谦虚有礼

有的人觉得自己仪表堂堂，邀请别人跳舞时就摆出唯我独尊的姿态；有的人觉得自己地位非同一般，请别人跳舞时就显得倨傲非常；有的人觉得自己名声显赫，请别人跳舞时就盛气凌人。这样做是错误的。

请别人跳舞时，你所处的位置是“请求别人”，而不是“被请求”。如果不表现得低姿态一点，再善良和气的人都会对你不屑一顾。盛气凌人地邀请别人，会给人以压迫感、威胁感，让人觉得自己的尊严受到了侮辱。

温馨提示

·邀舞通常的规则是男士主动邀请女士。邀舞时，男士应礼貌地面对被邀的女士微微鞠躬，同时说“你好，可以请你跳支舞吗”之类的话。

·邀舞时不应表情生硬、声音含糊不清，应避免粗俗或拘谨。

·邀舞时如果遭到拒绝，应保持礼貌、有风度地离开。

饮寿酒、吃寿面要注意规矩

酒与“久”谐音，久与“长”同义，以酒祝寿，意祝长寿。在饮寿酒时，则必先敬寿星，而后宾客共饮。

在寿宴的菜肴中，寿面是不可或缺的，寿面象征长寿。吃长寿面时，要将寿面拉高抽长，表示寿星将会福寿绵长，忌讳从中间咬断。

温馨提示

·饮寿酒前，要先敬寿星，然后宾客共饮。

·吃寿面时要一根面吃到底，不可从中间咬断。

对死讯谨慎询问

当有人去世时，你需要一些亲朋好友帮忙传递死讯。不要让别人在超市里听到其他人议论时才知道自己关心的人已经去世了。这是非常糟糕的行为。

当听到某人去世的消息时，马上致电对方家属表达自己的慰问之情，询问对方是否需要一些帮助。亲人刚刚去世时，家属可能还不知道应该做些什么，他们肯定会感激你提供的帮助的。

当孩子失去父母时，或者父母失去孩子，这种情形或许更为糟糕，情况总是很困难。你不仅需要联系孩子或者父母，还需要对他们的伴侣或者兄弟姐妹表示慰问和同情。

如果去世者是意外身亡，询问死因是不礼貌的。你可以从讣告上获悉死因的暗示，比如家属希望人们向医院、慈善机构或者健康相关的福利机构捐赠。

温馨提示

- 当亲朋好友有家属去世时，要及时致以问候，并提供帮助。
- 如果死者是意外身亡，切忌向其家属询问详细死因。

告别遗体时避免带小孩儿

如果守丧时采用透明的棺材，那么遗体是可见的，但是你可以决定是否需要靠近遗体。有一些人，特别是小孩子，靠近遗体可能觉得很害怕。不要强迫他人靠近遗体。不管你是否愿意靠近棺材，既然已经参加守丧，就应该对死者的家属表示同情和慰问。

温馨提示

- 西方社会认为黑色是悼念的颜色，而东方人则认为白色代表死亡。如果你要参加东方葬礼，选择白色或者浅色的衣服，不要选择黑色或者深色的。

参加葬礼不可穿鲜艳衣服

葬礼是极其严肃的场合，如果身穿鲜艳衣服参加葬礼，不仅与葬礼气氛不相融合，而且还会引起公愤。

穿着鲜艳衣服出席葬礼，无疑是将别人的葬礼变成了自己的服装秀。如果你身份显赫或者与死者生前交情不错，这么做就有幸灾乐祸之嫌。穿鲜艳衣服参加葬礼，是同时向死者及其亲人以及所有参加葬礼的其他宾客表示蔑视，别人会认为你居心不良。

温馨提示

- 参加葬礼时，一定要避免穿大红大绿的颜色鲜艳的服装。
- 参加葬礼时，女性应避免穿着暴露。
- 参加葬礼时，女性应避免化妆。
- 参加葬礼时，应避免穿款式怪异的服装。

参加葬礼不可佩戴耀眼首饰

有的人参加葬礼穿的衣服符合标准、很素，但却佩戴了耀眼的首饰。这是不能提倡的。

在葬礼这种场合，一切都应以素为上。戴着全套参加晚会才适合的闪光的钻石首饰，别人会以为你走错了地方；戴着彩色精致首饰，别人会觉得你心情愉快；戴着造型夸张的首饰，别人会认为你不是真心来悼念死者，反而更像来这里结识新朋友的。总之，不论是死者的亲属，还是与死者关系不太亲密的人，参加葬礼戴首饰，都是不适合的。

温馨提示

· 参加葬礼时，应避免戴颜色鲜艳或耀眼的首饰。

· 参加葬礼时，应避免戴形态怪异的首饰。

· 参加葬礼时，女性最好不要戴首饰。

参加葬礼要注意神情举止

在葬礼上，每个细小的动作和神态都不能随随便便。

在葬礼上面露微笑，神采飞扬，你这是追悼死者还是庆幸死者去世？在葬礼上脚步匆匆，风风火火，你这是在赶场还是活力过剩呢？在葬礼上谈笑风生，不时呼朋唤友，你以为这是参加鸡尾酒会吗？

在葬礼上不注意神情举止，容易引起别人的怀疑，给别人留下无情无义的印象。如果你是死者生前的朋友，不注意一举一动会让死者的亲人失望；如果你与死者生前有过节，不注意动作、表情会让死者的亲人感到寒心。

温馨提示

· 参加葬礼时，应表现出沉痛哀悼的表情。

· 在葬礼上，行动不要夸张，应缓步行走、轻声说话。

· 在葬礼上，应避免挤眉弄眼、发笑、高声喧哗等。

· 在葬礼上，不应该随便拿走礼品或有用的东西。

在葬礼上避免注视死者的亲人

在葬礼上，不要注视已经承受着巨大压力的死者亲人。

在葬礼上注视死者的亲人，首先会使你的形象恶劣，显得失态。而在他人看来，这是幸灾乐祸和不怀好意的表现。其次，参加葬礼时注视死者亲人，会给对方带来巨大心理压力。

无论是同情还是好奇，都会让对方感到尴尬和压抑。即使是平时，面对陌生人或熟人，长时间盯着对方看也会导致对方的反感和戒备心理，更何况本就承受了痛苦的死者亲人呢?

因此，参加葬礼时，应避免上述举动。

温馨提示

- 参加葬礼时，不要对死者的亲人表示过度的同情。
- 在葬礼上，不要对死者的亲人投去过多的目光。
- 在葬礼上，应避免对死者的亲人过多提起死者生前的事情。
- 在葬礼上，对死者的亲人不应该有不耐烦的表情。

第八章

20 几岁要懂得的公共场所礼仪

出入校门要下车

通常在学校对内的守则或对外的“友情提示”中都会有这么一条：出入校门请下车。首先，出入校门不下车必然违背了相关规定；其次，骑车或开车出入校门时不采取“低调”姿态，很可能会造成对别人的妨碍甚至引起车祸；再次，出入校门不下车，给人以趾高气扬、过分张扬的印象。如果你的身份是前来参观访问的客人，出入校门不下车更会给自己所代表的单位带来不好影响。

温馨提示

- 骑自行车进出校门的时候，应下车推着进出。
- 开机动车、电动车、汽车等进出校门时，必须减速并注意避让和暂停。
- 结伴骑车进出校门时，应避免并排走在门内。

懂得赞美学生

老师不懂得赞美学生是不称职的。

对优秀学生从不赞美，对方会觉得压力过大，甚至对自己的优秀产生怀疑和焦虑；对不求上进的学生从不赞美，对方会觉得自己无可救药，甚至丧失上进的信心和兴趣；对普通的“中间型”学生缺少赞美，对方会觉得自己缺少希望。赞美是美德，没有赞美，学生就不容易发现自己。

温馨提示

·作为教师，应及时发现学生身上的优点和闪光点并及时予以表扬和鼓励。

·教师赞美学生要发自内心并实事求是。

·教师赞美学生应避免过多、过滥。

男生不留长发

男生留长发在如今的校园中也算得上是独特的风景，许多男生觉得这样很酷，显得与众不同。这的确与众不同，但是不合礼仪。

男生留长发，容易减少阳刚之气。如果恰好留长发的男生容貌秀气，很容易被路人误认为是女生，难免因此而惹出笑话甚至带来麻烦。男生留长发，更多的结果是被贴上“愤世嫉俗”“不合群”“古怪”的标签，被别人疏远。

温馨提示

·男生的发型应根据自己的脸型和发质来设计。

·男生的头发应避免长时间不修剪、不清洗。

·男生头发的长度应以不长于10厘米为宜。

见到老师要打招呼

作为学生，见到老师不打招呼不应该。

遇到老师不打招呼，一方面会被认为是故意躲避、赌气或胆小、害怕老师，另一方面会使他人觉得这对师生之间有矛盾。如果老师面带微笑地迎向学生，学生却马上别过头去并加快脚步远离，换作任何其他身份的熟人都会被这样的反应“打击一下”。

温馨提示

·在校园里或其他公共场合遇到老师应该礼貌地打招呼。

·如果距离老师很远，并且对方没有看到自己，可以不打招呼。

·当老师正在与别人交谈或正在繁忙地处理事务时，可以不打招呼。

进出老师办公室要有礼貌

进出老师办公室对每个学生而言都是经常遇到的事，但同时很多人都没注意过自己进出老师办公室时的表现。这是不应该的。

大步流星地进出老师办公室，脚步匆忙，一进门还带进两脚泥，显然会惊扰老师，并污染办公室的地板；进门不吭声，出门也不吭声，这是对老师心存不满的表现；进门后“哐当”一下摔门，出门时“哐当”一下带门，别人会以为你进办公室是为吵架来的。

进出老师办公室时不注意自己的言行举止，怎能充分表达对老师的尊重呢?

温馨提示

·进入老师办公室时应先敲门、打报告，出门时应道“再见”并随手关门。

· 进出老师办公室时开门关门动作要轻。

· 进出老师办公室时脚步要轻而稳。

不可当众顶撞师长

当众顶撞师长，即使你很有道理，这样的举动也是错误的。

当众顶撞师长，一方面说明你不尊重老师，有挑衅、示威之嫌；一方面给别人留下“刺头”的印象，可能会导致别人疏远你。当众顶撞师长容易产生不良影响，树立反面榜样。如果你是学生干部，这样做会影响你的威信和良好形象，也容易使你失去师生的信任和好感。当众顶撞师长说明你性子急、暴躁、自制力欠佳、爱出风头。如果你言辞激烈到让双方难以收场，你无疑是在演闹剧和丑剧给别人看。

温馨提示

· 自己对老师不满时，可私下约时间交谈、沟通。

· 自己受到师长批评时，态度应谦恭。

· 师长说错话时，应控制自己的情绪。

不在背后议论老师私事

哪位老师评优了，哪位老师怀孕了，哪位老师家中亲人去世了，哪位老师和校长吵架了……背后议论老师私事的学生大有人在，然而这么做是错的。

背后议论老师私事，有栽赃、诽谤的嫌疑，如果传开了，不仅影响老师的形象，也影响自己的形象；背后议论老师私事，给人以“不务正业”之感，如果恰好被你所议论的老师听到，对方一定会很不愉快。此外，背后议论老师私事，还容易造成不良风气。

温馨提示

·不要养成打听老师私事的习惯。

·道听途说的事情不要说，自己不清楚的事情不要传播。

·如果获悉老师的私事，不要主动向外传播。

尊重有缺陷的同学

同学眼睛斜视，就处处拿他开玩笑；同学腿部有残疾，就故意学对方的样子；同学说话口吃，就故意在他面前说绕口令……

嘲笑别人是不敬的做法，针对别人的生理缺陷、形象上的瑕疵大肆嘲笑更是不敬。嘲笑有缺陷的同学，必定会伤害其自尊心，使对方对自己的缺陷更加敏感；嘲笑有缺陷的同学，不能使你得到别人的欣赏，反而会遭到鄙视；嘲笑有缺陷的同学，说明你冷漠、自私，不懂得考虑他人的感受。

温馨提示

·不要用好奇或鄙视的目光看待有缺陷的同学。

·对有缺陷的同学应主动帮助。

·对比较敏感的同学，不要刻意指出其缺陷。

不可偷看同学的信件、日记

偷看同学的信件、日记是不礼貌的行为，也是不尊重的表现。

偷看了同学的信件或日记，如果对方与你关系一般，你就不太可能有机会得到他的信任并成为对方的朋友了；如果对方与你关系很近，你就很可能立刻失去对方的信任，从此被他从友人的名单中删除。如果对方信件或日记中记的是流水账，他会认为你太无聊、太好奇；如果对方信件或日记中记录了不愿外传的秘密，你的做法会让对方愤怒和委屈，甚至因此而对你做出过激行为。

温馨提示

·应避免对同学的信件或日记产生好奇心。

·同学不在场时不要翻看对方的任何私人物品。

·同学不在场时你可以离开以避嫌疑。

严禁撕毁、涂改学校公告

撕毁或涂改学校的公告容易造成信息丢失或错误，从而导致一些重要通知无法及时而正确地传达给有关人员；撕毁或涂改学校公告，是对学校公告制定者和张贴者、发布者的不尊重，是损害其劳动成果的表现；撕毁或涂改学校公告，你可能被视为捣乱分子或对学校有强烈的不满。

如果是为了张扬个性，采取撕毁、涂改学校公告的方法只会引来大家的耻笑；如果被有关人员抓个正着，你受批评和处分是必然的事。

温馨提示

· 对学校的公告应本着尊重的态度看待。

· 如果对学校的通知或布告上的信息有怀疑或不满，应采用与制定者沟通的途径解决。

· 未经同意，不应覆盖张贴好的公告。

不用书本提前占座

在学校尤其是大学校园里，用书本甚至纸条提前占座已经成为独特的“景观”，甚至成为顽疾——因为这是错误的。

同学请你帮忙占座，你很义气地拿上七八本书占一排座位，然后自在地出去闲逛一番，后来者看到空座上的书本，必定会觉得气不打一处来。外校同学听说本校有名人讲座，好不容易找到教室却发现空座上已经放满书本，必定会觉得很委屈。如果占座而不坐，更是一种“资源浪费”。用书本提前占座是对按时到来而遵守秩序的人的欺压，是自私的行为。

温馨提示

· 听课时寻找座位应本着“先到先坐”的规则来实行。

· 应避免一人为多人占座的行为。

· 当自己占了多余的座位，应将其让出。

住集体宿舍要遵守作息时间

住集体宿舍是很多中学生以及大学生的必然经历，住宿期间如果不注意协调，就会打扰别人的作息。

别人午睡的时间，你在宿舍里边哼唱边卖力地洗洗涮涮，别人一定难以入睡或者被你惊醒；有人在宿舍里复习功课时，你说笑打闹，对方一定难以安心学习；宿舍里本来就拥挤，周末时你还特意带朋友过来住，你的舍友们必然会觉得不太自在。

温馨提示

·住集体宿舍时应考虑到大家的作息时间。

·住集体宿舍时应避免在别人休息的时候开灯、制造响声。

·住集体宿舍时应避免在别人休息时带外人进入。

在图书馆看完书要归位

从历史类书架上抽的书，看完后放到法律类书架上；从美术类书架上抽取的书，看完后放到科技类书架上；看完书后不放回任何架子上，而是随手丢在椅子、窗台上等不适合藏书的地方……你这样把书籍的类别混淆、随意给它们搬家，只能给别人带来麻烦。

胡乱给书归位，容易给别人找书增添困难，浪费别人时间；随意放置书籍，容易使其因为得不到保护而被意外损毁；到处乱放书籍，会造成书架混乱，不整齐、不美观，也给工作人员增加了工作量。

温馨提示

·在图书馆看完书，一定要将书放回到原位。

·在图书馆看完书，一定要尽量按照最初的方位摆放书籍。

·在图书馆看到被放错位置的书籍，应主动将其归位。

参加集体活动要穿校服

学校举行集体活动时，通常会要求同学们穿校服。如果你故意不穿，就说明你不懂礼仪。

参加运动会时不穿校服，列队集合或者上场表演时，你会破坏集体形象；参加集体参观时不穿校服，接待方可能会认为你是混进来的而拒绝请你进入；与其他成员一起参加集体辩论赛时不穿校服，你的突兀会破坏团队的整体和谐形象，同时还可能影响团队的合作精神，并且容易使观众对你产生不合群、性格乖戾的印象。

温馨提示

- 参加集体活动时如果有规定，应按规定穿校服。
- 穿校服时应按规定正确穿着。
- 穿校服时应注意自己的言行举止。

不可在景点刻字留名

有的人造访某处景点，尤其是前往自己一生可能只去一次的地方，往往要留下“某某到此一游”之类的字迹，有的甚至用喷漆喷涂各种字迹。这是不礼貌的。

在景点刻字留名，会损坏建筑或景观的完整原貌，这不仅谈不上美观，更会对景观造成难以修复的伤害。如果你刻字的对象是重点保护的文物，你的做法简直就是对历史的亵渎。在景点刻字留名可能会给自己留下永久性的骂名，任何游客来到你留名的景点，都会知道你参与了违规的破坏行动。如果留下籍贯，你家乡的人们将被一并唾骂；出国旅游这么做，等于给国人丢脸。

温馨提示

- 参观任何景点都不应在所到之处刻字留名。
- 如果景点有允许刻字的服务，应该在指定区域或媒介上刻写。
- 参观游览时应避免乱碰建筑或设施。

乘公交车不可堵着车门

乘公交车时我们常常遇到人满为患的情况，很多人上车后根本挤不到车中间，于是就顺其自然地堵在车门边上。这样做可不讨巧。

堵着车门容易妨碍他人上下车，如果你动作太慢，别人就可能因上不了车或下不了车而错过站点。如果对方赶时间，就会因为你堵着车门而耽误下车。此外，堵着车门也不利于安全。如果你被挤倒，很可能会撞到别人，引发小小的骚乱。在公共场所，一切事情都应该从大家的利益出发，否则就是对礼仪的蔑视。

温馨提示

- 乘公交车时，应站在不妨碍别人的位置。
- 将到终点站时，应走向车门近处。
- 别人下车时，应礼貌地给对方让路。

在火车上不宜脱鞋

在火车上脱鞋，对于很多经历过长途旅行的人们来说恐怕都不陌生吧！别觉得很自在，其实这样做是极其不礼貌的。

火车空间狭小，空气不易流通，如果车上人多，人均空间自然更加少得可怜。在这种环境下脱鞋，很容易使不雅的气味散发出来。而且，在火车上脱鞋也会给人以视觉上的侵犯，有谁会愿意看别人的脏脚丫和花袜子呢？没有人会觉得这样做是礼貌的表现。无论脱鞋者身份如何，此举都会让他颜面尽失。

乘坐公共汽车、地铁等其他公共交通工具时脱鞋也是错误的行为。

温馨提示

·在火车上应避免脱鞋、脱袜子。

·男性在火车上应避免随意脱上衣。

·在火车上，不要随意将脚伸到他人座位下面。

使用公共游乐设施要照顾别人

公园、游乐场里，供多人同时使用或集体合作使用的游乐设施随处可见。既然是公用的，就不要不考虑他人的意愿。

坐碰碰车时不停冲撞，想撞谁就撞谁，不顾他人感受，别人必定会觉得你太莽撞；坐跷跷板时擅自离开座位，导致同伴突然落地，对方必定会为你的恶作剧而生气；坐人工推动的旋转木马时擅自加速或改换方向，其他乘客有可能会被你转得头昏脑涨。

使用公共游乐设施而不照顾他人容易引发矛盾，破坏大家的心情和友好关系，还可能造成意外事故。这是自私的表现，也是不礼貌的行为。

温馨提示

·使用公共游乐设施时，应避免一人独享。

·使用公共游乐设施时，应照顾比较弱小的人。

·使用公共游乐设施时如果涉及速度问题，应与同时使用的其他人协商。

在超市购物不可用手接触裸露食品

在超市购物买散装食品时，千万别图省事或因为其他原因而舍弃专用工具用手去取。

在超市买米，放着专用的铲子和勺子不用，偏用手抓；在超市买散装饼干，不用夹子而用手拨来拨去；在超市买糖果，将专用夹子放在一边，只用手挑拣。这样做一方面是让其他顾客对超市食品的卫生产生怀疑，一方面会让别人对你的公德产生怀疑。如果你将不宜用手翻动和抓取的散装食品弄得形状损坏，更会给超市造成经济损失。这样做除了显示你是个故意捣乱且自私的人之外，并不能说明你多么有个性。

温馨提示

·在超市购物选取食品时，应按提示使用相应的工具。

·在超市购物时，应避免用手抓完食品后在相应的器皿中搓手。

·在超市购物时，应避免将已经挑好的商品再倒回货柜。

试衣时应注意不要弄脏衣服

买衣前试衣是天经地义的，但试衣时弄脏衣服就不是你应该做的事了。

试衣服前刚吃完烤肉串，双手不擦就试衣，难免使衣服粘上油污；试衣时如果不注意分寸，穿套头衣服就容易使衣服沾染上你脸上的化妆品；刚出了一身大汗，就马上进店试衣，试完后衣服上说不定已经浸染了汗液和汗臭。试衣时弄脏衣服，既是对衣服的不爱护，又是对售货员的不尊重甚至刁难。

如果你是售货员，看到衣服被顾客污染，恐怕很难心平气和。不要因为衣服不是自己的就不注意自己的形象，以至于给别人留下一个自私、品质低劣的印象。

温馨提示

- 试衣服时，应避免让自己的汗液、化妆品等沾染衣服。
- 试衣服前，最好保证自己的身体是清洁的，女性最好事先擦掉唇膏和睫毛膏。
- 试衣服时，应避免在衣服上留下手印、灰尘等。

试衣后把衣服放回原位

试衣完毕，随手将其丢到一边，也不看是不是它原来所在的位置，甚至任其掉在地上；衣服原本是叠起的，你试完后就成了一件一件散落的；衣服原本是甲品牌的，你试完后却混到了乙品牌中去……购物时，试衣后乱丢是不招人喜欢的做法。

试衣后乱丢衣服，第一已经破坏了衣服和衣店原有的整齐；第二是给售货员增添了额外负担；第三是容易使不同种类的衣服放错位置，给不同品牌带来声誉上的损坏。

温馨提示

·试衣完毕后应将衣服交给服务人员或整齐地放到原位。

·试衣完毕后若不满意，不应一言不发地丢下衣服就走，而应对售货员礼貌地道谢。

·试衣完毕后放下衣服的动作不应粗暴而应柔和。

不可随意拆开商品包装

在商场或者超市购物时，不要随意拆开商品包装。

购买果汁、食品等物品时随意拆开包装，如果你不买，食物就会很容易变质、作废；随意拆除小家电、工艺品的包装，它们会因为失去保护而容易损坏；随意拆除名牌商品的包装，它们会因为不完整而容易受到质疑。随意拆开任何商品的包装，都是对商品完整性的损害，都会影响它们的外观之美以及销售；随意拆开商品包装，会给工作人员整理和调换商品增加负担，并且容易引起别人的效仿，产生不良影响。

温馨提示

·对于货架上有“禁拆包装”明显标志的商品，不要打开包装。

·对于货柜上摆放有样品的商品，不要拆非样品的包装。

·对于包装破损后会引起变质的商品，不要拆开包装。

品尝超市食品要按规定进行

违规品尝超市食品不是个好习惯。

独立包装的食品，拆开包装后就失去了它作为商品的价值，不能再售出；整体包装的食品，拆开后同样不能被顺利出售；散装食品，随意品尝容易造成交叉污染，带来卫生隐患。随意品尝超市食品容易被认为是顺手牵羊的举动，从而给你惹来诧异的目光甚至麻烦。违规品尝超市的食品，不利于自己的健康和公众形象，也会影响超市的利益。如果你与别人结伴购物或者在境外做出这样的举动，必定会遭到鄙视。

温馨提示

· 除非摆放有允许顾客品尝的样品，否则不要擅自品尝超市食品。

· 对于大块的糕点类食品，不要擅自掰取品尝。

· 对于液态、较软、较黏的食品，不要随便品尝。

看过商品后要归位

在商场或超市购物时，别忘了将看过的商品归位。

在商场中浏览一圈之后，把食品放在家电区，把卫生用品放在散装食品区，把内衣放在玩具专柜，把图书放在化妆品区……这样乱放商品的行为让人觉得很不妥。乱放商品会破坏商场商品摆放的秩序和美观，给工作人员整理以及其他顾客挑选商品带来麻烦。

看过商品后不归位，让人觉得你做事有始无终。更重要的是，你会给别人留下做恶作剧以及品德不够优良的印象。

温馨提示

·看过商品后应将其放回原物所在柜台或货架。

·不是同一类别的商品不要放在一起。

·易相互污染的商品不要放在一起。

住旅店不可大肆浪费

外出旅行、出差时，住旅店最平常不过。然而，有许多人却在住店期间丢了自己的脸面，因为他大肆浪费。

住店期间极尽所能浪费水资源和电源，即使暂时不在房间也开着灯，即使洗漱完毕也不及时关水龙头；住店期间狂打房间内的免费电话，乱拨电话号码找人聊天；除了房间里配备的免费用品，额外再向服务员索要并迅速用光……这些行为让人联想到暴发户，给人以小人得志的印象。设想你因为业务关系与外地客人同住旅店，你的浪费难免会让对方怀疑你待人处事的能力和信用。

温馨提示

·住宿旅店时，对于免费提供的洗漱用品不要刻意浪费。

·住宿旅店时，不要浪费用水。

·住宿旅店时，不要滥用电源、电器，也不要长时间开灯或将全部灯具都打开。

不可在公园的长椅上躺卧

行走累了，在公园的长椅上倒头便睡或者看书、看来往行人，也许你觉得这样做很舒服、很悠闲，实际上却已经违反了公共场所的礼仪。

在公园长椅上躺卧，第一，有碍观瞻，你不雅的姿态会让人感到不快；第二，占据了有限的休息场所，给其他需要休息的游客带来不便；第三，你的姿态给公园风景抹上了不和谐的一笔，破坏了景观的优美。

温馨提示

- 在公园休息时，应避免在长椅上躺卧，更不要长时间躺卧。
- 不要一个人休息时在长椅上放过多东西，以免影响他人休息。
- 在公园的长椅上就座时，应避免歪歪斜斜的不雅姿势。

驾车不可乱鸣笛

驾车时不要乱鸣笛。

驾车乱鸣笛妨碍交通秩序，使繁忙的交通更显得繁乱；驾车乱鸣笛容易惊吓行人，促使本不该发生的事故发生；驾车乱鸣笛容易引发行人和其他驾驶者的反感和烦躁，引发口角。在红灯前乱鸣笛，给人以急躁而不守秩序的印象；在堵车时乱鸣笛，会加重大家的负面情绪；陪同客人或领导、外宾时乱鸣笛，会让人觉得你仗势欺人、虚张声势；鸣笛时无规律、无休止地按个不停，给人以威胁感，显得嚣张、势利、粗鲁。

温馨提示

·开车出行时应避免鸣笛惊吓路人。

·开车遇到阻塞时应避免长时间按喇叭。

·按喇叭时应有规律，防止乱按。

接受陌生人帮助后要说“谢谢”

接受陌生人帮助后连声“谢谢”都不肯说的人肯定会让人失望。

别人好心为你指路，你却不道谢，对方一定会觉得失落；别人热情地帮你捡拾掉落在地的东西，你却不说“谢谢”，对方必定会觉得委屈；别人体贴地提醒你前方道路无法通行，你却没事人一样走过，对方难免会觉得自己是在多管闲事。接受别人的帮助而不道谢，是对对方不尊重、不信任的表现，也是戒备心过强、冷漠无情的表现。

温馨提示

·接受陌生人帮助后一定要诚恳地道谢。

·接受陌生人帮助后应礼貌地与其寒暄几句。

·接受陌生人帮助后如果有必要，可询问对方是否需要帮助。

图书在版编目（CIP）数据

20几岁不能不懂的社交礼仪常识 / 达夫，黄敏编著
. — 长春 : 吉林文史出版社，2019.1（2024.7 重印）
ISBN 978-7-5472-3872-1

Ⅰ. ① 2… Ⅱ. ①达… ②黄… Ⅲ. ①社交礼仪–青年读物 Ⅳ. ① C912-49

中国版本图书馆 CIP 数据核字 (2018) 第 277622 号

20几岁不能不懂的社交礼仪常识

20 JISUI BUNENG BUDONG DE SHEJIAO LIYI CHANGSHI

编　　著：达　夫　黄　敏
责任编辑：孙建军　董　芳
出版发行：吉林文史出版社有限责任公司（长春市福祉大路 5788 号出版集团 A 座）
www.jlws.com.cn
印　　刷：三河市众誉天成印务有限公司
印　　次：2019 年 1 月第 1 版　2024 年 7 月第 11 次印刷
开　　本：145mm × 210mm　1/32
印　　张：8 印张
字　　数：161 千字
书　　号：ISBN 978-7-5472-3872-1
定　　价：36.00 元